DISCARD

QUERER ES PODER

QUERER ES PODER

Xavier Guix

GRUPO ZETA

Barcelona • Madrid • Bogotá • Buenos Aires • Caracas • México D.F. • Miami • Montevideo • Santiago de Chile

1.ª edición: febrero 2013

© Xavier Guix , 2013
© Ediciones B, S. A., 2013
   Consell de Cent, 425-427 - 08009 Barcelona (España)
   www.edicionesb.com

Printed in Spain
ISBN: 978-84-666-5231-5
Depósito legal: B. 33.028-2012

Impreso por LIMPERGRAF, S.L.
Mogoda, 29-31 Polígon Can Salvatella
08210 - Barberà del Vallès (Barcelona)

Índice

Los mortales se atreven, ¡ay!, siempre a culpar a los dioses porque dicen que todos sus males nosotros les damos, y son ellos que, con sus locuras, se atraen infortunios que el Destino jamás decretó.

HOMERO, *La Odisea*

Introducción

Williams James, patriarca de la psicología americana, se preguntaba sobre el hecho de levantarse cada día por la mañana: ¿cómo lo conseguimos, si tenemos un montón de razones para no hacerlo? Se sobreentiende que disponemos de un mecanismo irreductible al que llamamos «fuerza de voluntad» o, al menos, motivación suficiente para no ceder a los impulsos de la pereza, la ociosidad o la sensación de absurdo.

Sin embargo, llevamos tiempo malinterpretando el término «voluntad» y, a la hora de analizar las dificultades que tenemos las personas para lograr nuestros propósitos, nos escudamos en aspectos psicológicos como la motivación, la autoestima o incluso la personalidad. ¿De dónde procede la fuerza que nos permitirá afrontar todas esas situaciones que requieren un esfuerzo?

Abstenerse de comer ese pastel o esos fritos, resolver las quejas de un cliente con ánimo voluntarioso, seguir adelante cuando el dinero no alcanza a final de mes, encarar exámenes, aguantar esos momentos en los que parece que el tiempo se detiene, mantener la disciplina de las actividades pesadas pero necesarias, darnos otra oportunidad cuando la relación de pareja se tambalea...

Los capítulos siguientes invitan a una reflexión sobre el sentido que tiene en la actualidad la fuerza de voluntad, sobre todo ante la reivindicación del valor del esfuerzo. Observaremos, por ejemplo, la energía psicológica que malgastamos a diario y que supone una de las mayores cargas que nos afligen, cuando podríamos evitarlo y vivir con más fluidez. El libro ofrece, además, pautas y algunas herramientas que pueden ser muy útiles para lograr lo que nos propongamos. Abordaré, asimismo, cómo manejar la conducta motivada en tiempo de crisis, justo cuando más la necesitamos

Hemos asumido que quien algo quiere, algo le cuesta. Así pues, el esfuerzo se orienta hacia lo que queremos y no, como antes, al deber de asumir lo que no queremos. En eso hemos mejorado. No obstante, muchas personas han quedado atrapadas y confundidas entre el querer y el desear. Han asignado un alto precio al deseo, pese a disponer de pocos recursos anímicos, es decir, demasiados estímulos para tan poca voluntad. El deseo, en sí mismo, no es el problema. Sí puede serlo, en cambio, disponer de poca capacidad de autodisciplina. ¿Cómo mejorar este aspecto? ¿Cómo fortalecer ese «músculo» de la voluntad?

Una de las preguntas habituales en los medios de comunicación, cuando llega la proximidad de un año nuevo, es: ¿Por qué nos cuesta tanto lograr lo que nos proponemos? Si la pregunta se la plantean a un filósofo, la respuesta será: «Por falta de voluntad», es decir, que se quiere o no se quiere, no hay más. Si quien responde es un psicólogo, probablemente apuntará a que la persona no dispone de suficiente motivación, es decir, que no hay una percepción positiva entre el coste del esfuerzo y la posibilidad de éxito. Un *coach* profesional concluiría que no se ha dado una buena formulación de los objetivos, ha faltado planificación y no queda clara la sostenibilidad con otros aspectos de la persona. Si preguntamos a un familiar, es fácil que conteste: «Porque no le da la gana.» Quizá todos tengan razón, ya que, al fin y al cabo, en toda verdad hay algo de verdad. Sin embargo, en este libro se ahondará en la necesidad de introducir una variable importante: la relación entre mente y cuerpo.

Para que todo funcione, hablando en un lenguaje actual, es necesario un objetivo bien definido (misión), una planificación (visión), un alto grado de responsabilidad (motivación, sentido del deber), esfuerzo (voluntad sostenida o perseverancia), sentido hacia un propósito mayor (ideal) y un estado corporal con el nivel de energía y tensión equilibrado (salud).

Entender los procesos de la motivación, la gestión eficaz de la autodisciplina y el sentido profundo que tiene la voluntad nos permitirá recuperar el poder personal y lograr así nuestros propósitos. Este va a ser el empeño del libro, que bebe de diferentes inspiraciones, entre ellas la de Roy F. Baumeister. Este autor, que lleva quince años investigando sobre la fuerza de voluntad, ha acabado considerándola un músculo que puede desarrollarse, más que tratarla como un rasgo de la personalidad, una habilidad o una virtud que roza el misticismo. Para Baumeister existen unas claves básicas:

1. La fuerza de voluntad es una respuesta tanto de la mente como del cuerpo, no solo un modo virtuoso de pensar.
2. El uso de la fuerza de voluntad puede agotar los recursos del cuerpo.
3. La fuerza de voluntad es limitada.
4. La fuerza de voluntad puede entrenarse.

Con estas premisas vamos a ahondar en el fascinante mundo de nuestras motivaciones profundas, en la regulación de ese valor del esfuerzo que parece revaluarse, y aprenderemos cómo, en el proceso de lograr nuestros propósitos, metas o expectativas, podemos desarrollar la voluntad como si de un músculo se tratara. El bienestar y la felicidad pasan por esa relación entre la mente y el cuerpo que, tras una planificación inicial, requiere un entrenamiento constante. Ese es el mensaje: la motivación, la fuerza de voluntad, es un aprendizaje y una actitud ante el reto que supone la vida.

PRIMERA REFLEXIÓN:
La voluntad está en la mente y en el cuerpo, y puede entrenarse

MOTIVARSE EN TIEMPOS DE CRISIS

Empieza a ser habitual que muchas personas se acuesten cada noche pensando: «No sé qué hacer con mi vida» «¿Cómo podré seguir adelante?» «¿Qué ocurrirá si me hundo?» Este tipo de pensamientos emergen cada vez que nos encontramos en crisis, en este caso ante una recesión económica que parece no tener fin. Sin lugar a dudas, pocas veces habíamos enlazado una recesión con otra, aunque también es cierto que hemos perdido la memoria de las terribles condiciones de vida en las que vivieron nuestros antepasados, no muy lejanos en el tiempo, o en las que siguen viviendo en la actualidad muchas personas que apenas disponen de agua y alimentos, o de un refugio donde descansar.

Nuestra desesperanza no nace de las carencias, sino de la pérdida de los privilegios: eso es lo que establece la diferencia. Cuando realizamos comparaciones, no solemos hacerlo con aquellos que viven peor, sino con la abundancia de que disfrutábamos en los tiempos de bienestar. La comparación es un arma de doble filo. Es un mecanismo necesario para darnos cuenta de que podríamos estar en peores condiciones. Sin embargo, también puede arrastrarnos a la nostalgia, la envidia o la impotencia.

Los medios de comunicación piden a los psicólogos que les den algunos consejos de actitud para salir lo más airosos posibles ante la dificultad y la amenaza. Sin duda, la situación actual constituye un gran reto para los estudiosos de la motivación humana, una experiencia que sin duda será significativa en nuestras vidas. Al menos así me ocurrió en 1993, año en que se produjo la recesión anterior a la actual, que me pilló de pleno. De vivir cómodamente pasé a perderlo todo. Y todo significa, literalmente, todo. En ese momento aprendí muchas cosas que ahora comparto contigo. Tal vez las más importantes de todas ellas fueron dos: en primer lugar, que podemos reinventarnos, y en segundo término, que no debemos perder la confianza y el entusiasmo a pesar de las contrariedades.

A estas alturas de la crisis actual, pasado el susto y las primeras reacciones, vamos asumiendo cierta cordura. Ello nos sirve, ante todo, para dejar de buscar culpables por todas partes y para tomar conciencia de que, debido a su carácter sistémico, la crisis afecta a todo y a todos. La excepcionalidad de la actual coyuntura obedece sobre todo a que influye en la concepción misma del ser humano, cómo debe vivir y organizarse comunitaria e institucionalmente, y qué significa exactamente eso que llamamos la felicidad. Una reflexión necesaria ahora que vemos sufrir a los nuestros, que nos preocupa su devenir, nos entristecen algunas situaciones límite y no podemos hacer otra cosa que quejarnos o llorar. Todos estos mecanismos son nuestra manera de expresar la impotencia ante tanta desesperanza.

Estas primeras líneas solo pretenden contextualizar lo que viene a continuación, con la humilde intención de contribuir al reto de cómo motivarnos en tiempos de crisis. Obviamente, no esperes de mí soluciones mágicas o milagreras en el sentido económico, porque no es mi especialidad. De todos modos, en la estela de Àlex Rovira, creo que la economía se basa más de lo que supondríamos en la psicología. A la postre, todo nace en la mente. Y lo que nazca de ella tendrá mucho que ver con el nivel de conciencia alcanzado. Hablemos de eso para empezar.

La mayor dificultad es a la vez la mayor oportunidad

El principal problema al que tienen que enfrentarse tantas y tantas personas está en su mente. Creen que está ahí fuera, en el dinero que no pueden tener, en el trabajo que no encuentran, en las presiones continuas de unos gobiernos que no paran de recortar en prestaciones sociales. Sin embargo, su mayor enemigo duerme en su propia mente. El resto es coyuntural, aunque básico, sin duda. Al mismo tiempo, por ahí podemos empezar a encontrar nuestras primeras oportunidades, que pasan por utilizar esa mente de forma práctica, sabia y serena.

La mayor dificultad está en la mente (conciencia), porque esta es la que aprecia, juzga y delibera. Es la que acaba tomando la decisión de cómo hay que experimentar el entorno y los hechos que se producen en él. ¿A qué la hemos entrenado? ¿A sufrir? ¿A confiar? ¿A obnubilarse con el problema o a buscar las soluciones? ¿A deprimirse o volverse ansiosa? ¿A ver el vaso lleno? ¿A anticipar todas las calamidades posibles? Cuando todo se derrumba a nuestro alrededor, necesitamos más que nunca una mente que sepa ordenarse serenamente. Si no hay serenidad mental (y en ello incluyo las emociones), no podemos tomar decisiones acertadas. Un ejemplo de ello nos lo ofrece el cuento «El hombre de la lluvia», incluido en el Anexo.

Como veremos más adelante, podemos quedarnos anclados en un círculo vicioso de preocupación, o bien podemos centrarnos en lo que realmente está en nuestras manos y buscar más allá, en círculos de influencia, lo que puede ayudarnos. En todo caso, queda claro que todos los esfuerzos aplicados a la mera preocupación no solo van a ser inútiles, sino que acabarán convirtiéndose en la mayor dificultad. Y eso lo construimos en nuestra mente. No depende del banco, ni del gobierno, ni de los medios de comunicación, aunque todos estos factores influyen a su manera. Depende por entero de nosotros mismos, porque pensamos deliberadamente, aunque nos parezca que los pensamientos vienen de algún lugar desconocido.

La primera consideración positiva es que la mente puede cambiar. La plasticidad neuronal nos permite aprender, reeducar, modificar aquellos hábitos y creencias que se arraigan en nuestra memoria. No es una tarea sencilla, pero tampoco imposible, como creen algunos. «¿Y ahora, por qué tengo que cambiar mi manera de ver las cosas?» Sencillamente, porque todo ha cambiado. ¿Hemos cambiado nosotros?

La situación actual que estamos viviendo y la venidera exigen una mente diferente de la que hemos elaborado hasta ahora. ¿Por qué? Porque para moverse en el mundo de hoy hace falta flexibilidad, sobre todo mental. Todo lo contrario de una mente rígida o demasiado encerrada en viejas certidumbres, como por ejemplo, creer en la infinitud de las cosas: ¡toda la vida!

Pocas cosas duran toda la vida

A lo largo de nuestra vida laboral puede que nos toque bailar a varios ritmos diferentes, en lugares diferentes y con compañeros distintos. Los expertos en empleo sitúan las condiciones actuales de la siguiente manera:

- Quien quiera trabajar en lo que le gusta, probablemente deberá estar dispuesto a aceptar algunas condiciones, como vivir en otro país o realizar diferentes traslados dentro del propio. Además, hacerlo con sueldos a la baja y manejar bien más de un idioma.
- Quien no quiera o no pueda trasladarse, debe estar dispuesto a aceptar trabajar en algún ámbito diferente al de su especialidad. En este sentido debe estar dispuesto a aprender nuevas habilidades y adaptarse a nuevos entornos, también tecnológicos.
- Quien quiera trabajar sin estar supeditado a tantas condiciones, deberá ser un emprendedor, encontrar su nicho de mercado e ir progresando poco a poco, a sabiendas de que será necesario colaborar con otros emprendedores para beneficio mutuo. Deberá trabajar a fondo sus habilidades sociales.

Bien, podrá discutirse si esto es más o menos cierto, pero no cabe duda de que para realizar cualquiera de esos procesos (nuevos aprendizajes, nuevos idiomas, nuevas tecnologías, nuevas habilidades sociales, capacidad de adaptación, trabajo en equipo, etc.) se precisa una mente muy abierta, despejada, flexible, dispuesta al cambio rápido, adaptable, creativa. ¿Entiendes ahora por qué he empezado centrando el tema en la mente? Es nuestra gran amenaza y nuestra gran posibilidad. Ha llegado el momento de trabajar para que nuestra mente sea más sabia y serena.

Estar en el paro no es estar parado

No es agradable llevar la etiqueta de «parado». Por desgracia, el lenguaje en este caso ayuda poco. Estar en el paro no significa estar inactivo. Justamente, el estatus de «parado» exige dos tareas ineludibles: buscar trabajo y mantenerse activo. No hacer nada es una muerte en vida (matamos neuronas) o quedarnos todo el día viendo la tele (las contamina).

Tanto la búsqueda de un empleo como el hecho de mantenerse activo exigen una enorme dosis de perseverancia y entusiasmo. Por dos razones: la perseverancia permite una actividad autodisciplinada que se convierte en la mejor baza para uno mismo. Dicho de otro modo, es una buena manera de conquistar una habilidad personal cuyo valor es impagable. Como veremos más adelante, la autodisciplina es la reina de todas las virtudes, la base para el resto de fortalezas.

Por otro lado, el entusiasmo abre más puertas que una actitud de las llamadas de «frecuencia baja», es decir, con poca energía y escasa convicción. ¿Para qué entusiasmarse ante las innumerables dificultades que nos plantea la vida? Para convertirlas en posibilidades. ¿De qué sirve el entusiasmo cuando no se tiene trabajo? Pues, precisamente, para crear mejores condiciones a fin de conseguirlo. Seligman confirmó en sus estudios que el entusiasmo se encuentra en aquellos individuos para quienes es preciso vivir plenamente cada momento, evitando el abatimiento y la indefensión circunstanciales.

La segunda tarea ineludible es mantenerse activo. Es una ocasión, por ejemplo, para recuperar estudios o para aprender nuevos oficios. También es una oportunidad de dedicar el tiempo libre a actividades comunitarias, asociativas, políticas o altruistas. Ello no solo permite mantener la sensación de ser útil, sino que facilita el aprendizaje de la convivencia con otros valores y, como me ocurrió a mí, posibilita las condiciones para conocer a más gente, ampliando así el círculo de influencia, y quién sabe si alguna de ellas acaba propiciando un trabajo. Hay que centrarse más en la actividad en lugar de focalizar los esfuerzos en los resultados.

Céntrate en lo que quieres y no en lo que temes

Lo peor de las situaciones de incertidumbre es que pueden alimentar nuestros miedos psicológicos, la mayoría de ellos basados en la práctica de la anticipación, o dicho más llanamente, en la costumbre de preocuparse antes de tiempo. El miedo provoca ansiedad, cuya sensación, a su vez, suscita la prisa por resolver esos síntomas, sin duda molestos. Sabemos que, con el tiempo, los recursos que destinamos a resolver nuestras ansiedades acaban convirtiéndose en un problema aún más grave. Ahora ya no podemos prescindir de esa solución milagrera que hemos encontrado para calmar la ansiedad (sea una pastilla, un hartón de comer chocolate o llamar a todos los amigos por la noche y agobiarlos con nuestros problemas).

Cuando nuestros mecanismos se exceden, acaban por confundirnos más y alteran nuestro día a día. Por eso, hay que empezar por reconocer que todo lo que nos ocurre es que tenemos miedo y que no se puede anticipar nada porque nadie sabe a ciencia cierta lo que puede ocurrir. Entonces hay que aprender a vivir el presente.

El miedo psicológico se alimenta de nuestras peores pesadillas, generadas intensamente por nuestra mente, en un intento de prever y controlar situaciones futuras. Eso, que en un principio tiene una finalidad positiva, acaba convirtiéndose en una mala práctica que al final nos bloquea. Más vale que reconozcamos ese miedo e incluso que nos permitamos sentirlo, sin más. Dejar que la ansiedad llegue como una ola y se disuelva del mismo modo. En cambio, si la alimentamos, nos arruinará el día y nos agotará las energías que necesitamos para mantener una actitud perseverante y entusiasta.

La incertidumbre también hace presa en aquellas personas que tienden a estar pendientes de los demás. Se preocupan por los otros, sin darse cuenta que con ello no hacen más que preocuparlos a su vez. Por eso, además de revisar hasta qué punto es necesario que se hagan cargo de lo que no les corresponde, es importante que aprendan a vivir en el presente.

Eso significa centrarse en todo aquello que podemos planificar y ejecutar. Si se analiza bien, es el presente el que genera tanto el pasado como el futuro. El miedo siempre está ahí, por eso hay que favorecer una voluntad sostenible, mantener el foco de atención en lo que queremos, sin ceder a los temores. Debemos centrarnos en lo que queremos y procurar que eso esté continuamente en nuestro presente.

No confundir las partes con el todo

Una cosa debe quedar clara: ¡existe vida más allá de la crisis!

Uno de los fenómenos que padecemos los humanos es la capacidad de convertir un sesgo, una parte, una situación, una emoción incluso, en una totalidad. Desde que nos levantamos hasta que nos acostamos solo oímos hablar de crisis, solo vemos crisis y solo estamos en contacto con consecuencias de la crisis. Pero ¿hay algo, más allá de eso? Por supuesto. Además, una parte del planeta está mucho mejor y otra parte mucho peor.

Es cierto que vivimos sumidos en la crisis. Los medios de comunicación ya se ocupan de difundirlo (en exceso y a veces sin pensar en la realidad que están creando) y las conversaciones, las tertulias, e incluso las charlas más banales versan sobre lo mismo. Sin embargo, los humanos tenemos la extraordinaria facultad de decidir a qué objeto o situación dedicaremos nuestra atención.

La misma panadería en la que los clientes hablan de la crisis sigue oliendo a pan. Por la calle siguen circulando historias y personas que nos llaman la atención, nos hacen sonreír e incluso nos enamoran. En casa, en plena austeridad, siguen vivos los afectos. Sigue existiendo un silencio sereno, la capacidad de relajarnos o de regalarnos un gozo intelectual o emocional gracias a un buen libro. La música sigue sonando y el mundo gira y gira con todo lo que hay en él. ¿Por qué limitarse a una sola experiencia, por ende desagradable? Existen motivos para la indignación y también para la alegría o el entusiasmo. Lo malo del asunto es quedarse atrapado en un sentimiento, en solo uno, y convertirlo en el filtro por el que se percibe toda realidad. Sabemos que, si nos vemos atrapados en una emoción, no solo ocurre que nuestro organismo se resiente, sino que acuden a nuestra mente ideas y planes tamizados por dicho sentimiento. Si hay miedo, por ejemplo, se contrae el estómago, asoman expresiones de terror y se nos ocurren imágenes dramáticas. Si, por el contrario, sentimos emociones positivas, los efectos de estas también lo serán.

Lo curioso del bagaje humano es que podemos experimentar emociones y sentimientos contradictorios de forma simultánea. Probablemente, habremos vivido esas coincidencias en situaciones reconocibles: en los duelos se mezclan el dolor y el amor; en las tensiones de pareja, el amor y el odio; cuando somos duros y tiernos a la vez con los hijos o con las amistades. Asistimos a un mundo en el que la avaricia y la especulación coexisten con el altruismo y la compasión. Por eso no vale la pena pensar que una parte lo es todo. Debemos ser capaces de experimentar cada una de las facetas de la realidad porque podemos hacerlo, porque no hay mayor evidencia de que estamos vivos.

Reforzar las redes afectivas

Los momentos críticos unen, no cabe duda. Aunque para algunos eso no es más que una forma de consolarse, lo cierto es que necesitamos esas experiencias difíciles para redescubrir la fuerza de los afectos en nuestra vida.

Ya desde pequeños desarrollamos un sentido profundo de la importancia de las redes afectivas, que nos protegen y permiten nuestro desarrollo. La base de la confianza en uno mismo, en los demás y en la vida se construye, consolida y mantiene gracias a la fuerza del amor. No hace falta, pues, buscar más argumentos para sostener que las redes afectivas (familia, amistades, parejas, comunidades) son la base que nos permite descansar del sufrimiento y encontrar un sentido esencial a nuestra experiencia.

Es cierto que también las redes afectivas pueden convertirse, a veces, en telarañas neuróticas o en burbujas excesivamente proteccionistas. No todo el mundo ha tenido experiencias sanadoras dentro del ámbito familiar. Por eso insisto en el concepto de «red afectiva». Una red no es solo la familia, sino que está formada por nuestras relaciones. Reforzarlas es cuidarlas por una sola razón: porque se aman. Y porque se aman, se necesitan más que nunca en los momentos difíciles.

Reinventarse

Si siempre hacemos lo mismo, siempre obtendremos el mismo resultado. Si para colmo es un resultado insuficiente, razón de más para cambiar. Esa fue la idea que me llevó a replantearme mi vida. Alguien me sugirió: «¿Qué prefieres: un anillo falso o un anillo roto?» El anillo falso es vivir de ilusiones. El anillo roto es conformarse con mediocridades aunque uno pueda alcanzar cotas más altas. Seguir viviendo una vida más soñada que real nos desconecta de la realidad. Lo que es, es. No obstante, nada nos obliga a renunciar a la ilusión por conquistar nuestros sueños. Solo hay que evitar confundir vivir con ilusión y vivir de ilusiones.

Reinventarse no es convertirse en otra persona, sino en transformar aquella que ya eres. Partiendo de tu personalidad, ¿con qué fortalezas, dones, talentos o habilidades cuentas? ¿Cuáles no has desarrollado aún? Cuando a uno le parece que lo ha perdido todo, también lo tiene todo por ganar. Entonces es cuando se impone el nuevo rumbo que queremos imprimir a nuestra vida. Eso sí: toda transformación empieza por la aceptación de quién eres y del momento por el que estás pasando. Como apunta Pema Chödrön, nunca podremos conectar con nuestra riqueza fundamental mientras sigamos a pies juntillas esa propaganda de que debemos ser otra persona, de que hemos de oler de forma distinta o tener otro aspecto.

Antes de abordar cualquier transformación, va a ser necesario resolver la dualidad que se establece entre el deseo y sus resistencias. Queremos algo y al mismo tiempo nos resistimos a ello. Todo ese juego de la mente, en el que se enzarzan creencias y emociones, puede ser revisado serenamente. Darnos cuenta de las certezas limitadoras que nos impiden adoptar nuevos hábitos y nuevas maneras de ver las cosas. Nuestras incapacidades y resistencias existen en nuestra mente, pero no en la realidad. No es lo mismo creer que saber, con lo cual debemos permitirnos experimentar, pensar y hacer las cosas de forma diferente:

- Ve a lugares a los que nunca habías ido.
- Pide allí donde no habías pedido o a quien no te atrevías a pedir.
- Pasa por un lugar diferente, sigue otra ruta.
- Utiliza un lenguaje distinto (emplea nuevas palabras hermosas y deja las soeces).
- Acuéstate pensando en tres cosas que hayas hecho bien (¿Cómo lo hice? ¿Qué ocurrió?) En general, introduce también la visión positiva.
- No discutas ni quieras tener siempre razón. (Podría ocurrir que nuestros argumentos y creencias no fueran tan sólidos como suponemos.)
- Aprende cada día algo de alguien.

- No te enfades con los contratiempos. Busca lo que traen de nuevo.

Son ejemplos de por dónde empieza una reinvención. Hay cambios que pueden aplicarse a lo que nos rodea, como mudarte de país, relacionarte con otras personas, empezar un trabajo nuevo... Sin embargo, las transformaciones más profundas y duraderas son las que se producen en el inconsciente. Y ahí se llega después de mecanizar unos cuantos de esos procesos conscientes. Aunque al principio cuesten de adoptar, no ceses en el empeño, porque no tardarán en llegarte todo tipo de beneficios.

Empieza donde estés y paso a paso
(sin distracciones)

Son muchos los que se escudan en las circunstancias que los rodean para justificar la imposibilidad de cambiar. Sin duda, los contextos pueden facilitar u obstaculizar cualquier iniciativa en este sentido. En apariencia es más propicio empezar de cero, pero esa es otra de las trampas de nuestra mente.

No hay nada en la vida que parta de cero, porque la vida ya está empezada hace mucho tiempo. Formamos parte de su origen y por ello somos un proceso de expansión y transformación continuo. Aunque nos mudemos a otro país y encontremos una nueva cultura, nuevos hábitos y también nuevos límites, si no aprendemos a cambiar por nosotros mismos, no tardarán en volver a producirse las situaciones que se dieron anteriormente. Lo exterior puede favorecer el proceso, pero siempre asumido como responsabilidad propia.

Por eso te invito a que no pierdas el tiempo esperando a que las circunstancias sean más favorables. Pensar así es solo una excusa para no empezar a andar. (Te propongo que leas el apartado «Centrarse en las actitudes y no en las personalidades».) Empieza en el punto donde estés y cualquiera que sea tu circunstancia. Porque se trata de una decisión. Porque cualquier cambio que te propongas lo puedes empezar «ya». ¿A qué esperas? Es como decir «Quiero dejar de fumar» llevándose un cigarrillo a los labios. No tiene sentido, ¿verdad? Si lo quieres, empieza ahora. Lo que te propongas, no lo demores.

Empezar no significa correr. Ya existen suficientes víctimas de la inmediatez. Vayamos paso a paso, con una única condición: no hay que distraerse. En la medida de lo posible, el camino debe ser ascendente, continuado y fluido. En cambio, cuando empezamos a entretenernos demasiado, cuando el simple vuelo de una mosca nos distrae o cuando el esfuerzo nos agota, significa que no andamos bien de motivación.

Sé responsable de lo que introduces en tu mente

No importa lo que los demás piensen de ti, sino lo que opines tú mismo. ¿Qué estamos introduciendo en nuestra mente sin darnos cuenta? Puede que aún no tengamos claro que todo lo que vivimos nos afecta y tiene una repercusión en nuestra estructura neurológica, que luego tenderá a inclinarse por eso que le hemos metido, de forma consciente o no. Incluso en las peores condiciones de privación, seguimos teniendo el poder de elegir: ¿Cómo quiero vivir eso que me sucede? ¿Qué sentido quiero darle?

¿Hasta qué punto estoy dispuesto a implicarme? ¿Dónde están los límites?

En momentos de crisis hay tres aspectos que conviene evitar: el contagio emocional, el victimismo y la impotencia o indefensión aprendida (ver su apartado específico).

El contagio emocional se produce cuando perdemos toda capacidad crítica, es decir, la facultad de cuestionar la información que nos llega, de distanciarnos un poco de la situación para observarla de forma más ecuánime. Nos protegemos del contagio cuando decidimos no estar todo el día escuchando la misma cantinela. Si en el trabajo, en la calle, con los amigos, en casa, en los medios de comunicación solo se habla de un tema, al final acabas completamente asfixiado por la situación.

Los contagios se basan en la asunción de creencias a las que se les da valor de verdad. Ninguna creencia tiene esa propiedad. Solo valen para uno mismo. En cambio, se tiende a la generalización (todo el mundo, siempre, nunca), a la distorsión y a la omisión de datos o información. Ante estas situaciones conviene preguntar: «¿Cómo lo sabes?» Así nos daremos cuenta de cuáles son las fuentes de esa persona y la credibilidad que merece.

El victimismo es el preámbulo para la indefensión aprendida, es decir, para la impotencia. La actitud de víctima parte del supuesto de que no importa lo que hagamos, porque no servirá de nada, no cambiará nada, será una pérdida de tiempo. Pero no planteamos alternativa alguna. Nos tumbamos en el sofá, nos irritamos con la tele, maldecimos a los políticos y acabamos concluyendo que «todo está fatal». ¿De qué sirve eso? Tal vez como mero desahogo, no mucho más. Después de poner el grito en el cielo, hay que plantar los pies en el suelo y amueblar bien la cabeza para que nos permita seguir andando, aunque sea lentamente.

Cuidar lo que introducimos en nuestra mente también tiene que ver con el lenguaje que utilizamos, tanto el que empleamos para conversar con nosotros mismos como con los demás, sin olvidar el que recibimos desde el exterior y al que dedicamos más atención. Si queremos tener una mente más sabia y serena este es uno de los pasos más importantes y necesarios. Recuerda que los mensajes siempre tienen una doble dirección: la de contenido y la que se dirige al vínculo, a la relación. Hay quien antes de dar los buenos días o de comentar lo agradable que está el tiempo, ya empieza a contaminar al personal a base de «vaya mierda de vida».

Aprende y practica el mindfulness

Puestos a invertir algo de tiempo en actividades nuevas y útiles, te propongo un acercamiento a prácticas que han demostrado su efecto benéfico en los que las practican. Una de ellas es el *mindfulness*, o conciencia plena. Se trata de una práctica que permite prestar atención deliberadamente, focalizar y sostener aquello que observamos, suspendiendo todo juicio. Aprender a estar presentes de todo corazón con la realidad de cada momento. Es lo que más necesitamos en épocas de turbulencias, sobre todo emocionales.

Hoy en día, el *mindfulness* se emplea tanto en medicina como en psicología como una herramienta para ayudar a las personas a reducir sus niveles de estrés, malestar psicológico y procesos de cambio. Aporta muchos beneficios, aunque a mi entender uno de los principales es que permite detectar esos pensamientos automáticos que nos asaltan como lo que son: películas mentales. Una vez que hemos logrado apartar esas ideas inconvenientes, tendremos más espacio para las posibilidades y, como consecuencia, para la confianza personal. Se trata de eliminar la suciedad mental tóxica para poner en su lugar material energéticamente más creativo.

Kit de motivación anticrisis

- Toma nota de todos los pensamientos que te asaltan y de las emociones que emergen cuando piensas en tu crisis.
- Revisa la exactitud de esas creencias, cuestiónalas y observa cuáles son útiles y cuáles resultan altamente limitantes (cómo te hacen sentir, qué te impulsan a hacer o qué te impiden hacer).
- Flexibiliza la mente, evita las creencias rígidas y los pensamientos obsesivos.
- Sé consciente del lenguaje que utilizas cuando hablas de estos temas y del que escuchas y repites sin apenas darte cuenta. Cámbialo. Plantéalo en positivo.
- Los sentimientos de sufrimiento (ansiedad, angustia, dolor, impotencia, vergüenza) pueden ser sentidos (no reprimidos) aunque no mantenidos y menos aún recreados. Somos emocionalmente ambivalentes, podemos simultanear emociones. No debemos cerrarnos a una sola.

- Sal de los círculos de preocupación para centrarte en círculos de atención (lo que esté en tus manos) y círculos de influencia (quién puede ayudarte).
- Plantéate objetivos que tengan un carácter específico, a corto plazo, y supongan cierto desafío asumible. Puedes dedicar tus energías a un aspecto, pero no a cinco.
- Ábrete a nuevos aprendizajes, nuevos idiomas, nuevas tecnologías, nuevas habilidades sociales. Valora los estudios y la formación continuada, así como el crecimiento personal.
- Muéstrate activo. Empléate a fondo en buscar trabajo y el tiempo restante colabora en actividades comunitarias, asociativas o altruistas. Conoce gente nueva y apóyate en tus redes afectivas
- La mejor actitud es la de la perseverancia entusiasta. A la larga es la que te dispensará más confianza y autoestima. Inevitablemente se producirán algunos tropiezos, aunque la clave es lo que tardes en volver a levantarte.
- Enfócate en lo que quieres y no en lo que temes. Evita las anticipaciones y planifica ordenadamente tus acciones. No sufras por lo que aún no ha ocurrido.
- Existe vida más allá de la crisis. Cuando hayas terminado tus tareas cotidianas, deja un espacio para la amistad, para estar en la naturaleza, para jugar con tus hijos, para ahondar en tus relaciones. Da importancia a las pequeñas cosas y a los gestos bellos.
- Es una buena ocasión para reinventarte, para valorar tus fortalezas, talentos o dones desaprovechados. Empieza a hacer las cosas de otra manera para romper con las rutinas que no te favorezcan. Busca en tu

pasado lo que hacías muy bien, lo que te gustaba y que ahora puedes recuperar o dedicarte a ello.

- Empieza en el punto donde estés, sin distracciones, sin vacilaciones, el cambio que quieres empieza ahora y aquí, en presente. La postergación se convertirá en sufrimiento.

- Pon límites al contagio emocional, a las emociones tóxicas y a las personas encerradas en creencias demasiado dogmáticas y lenguajes destructivos. Acostumbra a tu mente a pensar en positivo. Que lo sean también tus afirmaciones.

- Abraza prácticas que te ayuden a salir del estrés; aprende a relajarte, a centrar la atención y a contemplar tus pensamientos como lo que son.

Todo lo que viene a continuación te dará información y pautas prácticas para que lleves a cabo el cambio que quieres en ti.

LA VIDA ÍNTIMA DE LOS PENSAMIENTOS

Cada día, al acostarnos, reelaboramos lo vivido y jugamos con ciertas ideas a las que poco a poco vamos dando vida. Es a lo que yo llamo entrar en intimidad con una idea. Así es como empieza lo que después devendrá todo un destino.

¿Seré capaz de seguir la dieta que me han prescrito o que me he propuesto? ¿Aprobaré las oposiciones? ¿Por qué me sale todo mal? ¿Cómo voy a abandonar esa relación que no me conviene? ¿Estaré siendo una buena madre? ¿Qué será de mis hijos si siguen fracasando en los estudios?

Entramos en intimidad con los asuntos que conciernen, sobre todo, a:

- Lo que somos, lo que no somos y lo que deberíamos ser (creencias sobre la identidad).
- Lo que queremos (deseos), lo que no queremos (aversiones) y lo que nos resistimos a abandonar (beneficios secundarios).
- Lo que somos capaces de hacer (competencia), lo que somos incapaces (incompetencia) y el esfuerzo que nos falta (indefensión aprendida).
- Si estamos en el lugar correcto, haciendo lo correcto o la incorrección de nuestras acciones (expectativas de eficacia y resultado).
- Las dudas sobre lo que decidimos y el miedo a las consecuencias (miedos).
- La confianza o desconfianza que tenemos en nosotros mismos y en los demás (autoestima).
- La fortaleza o debilidad de nuestros vínculos (estilos afectivos).

En definitiva, mantenemos un pulso con nuestra capacidad de ser y gobernarnos a nosotros mismos, es decir, con nuestras intenciones, motivación, esfuerzo y autocontrol, o con esa trinidad conformada por nuestra energía, inteligencia y amor. Llamémoslo, simplemente, con nuestra voluntad.

Mientras pensamos y sentimos sobre esos asuntos, estamos manejando posibilidades de realidad que existen simultáneamente. Pero llega el momento crítico de la decisión. En ese mundo de múltiples opciones, debemos centrarnos en una. Debemos elegir entre un sí y un no, entre lo que queremos y lo que no.

Cada elección va esbozando un retrato de nuestra identidad. Lo que creemos que somos no deja de ser la implicación final del conjunto de significados que hemos dado a los acontecimientos de nuestra existencia y a los datos que los acompañan. Digámoslo de otro modo: hemos intimado con ciertas ideas que han ido tomando forma y construyendo un modelo de mundo, una manera de observar la realidad a la que asociamos emociones y sentimientos. Una vez organizado ese mapa, nuestras vivencias se encaminarán a confirmar esa estructura como verdadera y, por tanto, lo que viviremos será lo que nosotros mismos hemos creado. Esa será nuestra actitud ante la vida.

Por supuesto, ese mapa no lo organizamos nosotros solitos. Ya desde pequeños recibimos múltiples influencias para que construyamos nuestros mapas a imagen y semejanza de esos cartógrafos con los que nos relacionamos: padres, sistemas educativos, instituciones sociales, religiosas, políticas y culturales, que en su conjunto proponen valores imperantes en cada sociedad. Con todo ello construimos nuestra propia imagen, el concepto sobre nosotros mismos con en el que nos acostamos cada noche y, seguramente, con el que también nos despertaremos. Según sea este, así será nuestro día a día; así serán nuestras relaciones y así será el mundo que nos rodea.

En consecuencia, aquel que se considera un fracasado, vivirá como tal y encontrará mil razones en todas partes para confirmarlo. Del mismo modo, aquellos que se consideran personas exitosas, tendrán mayores posibilidades de encontrar caminos de éxito. El que cree que no sirve para estudiar, no lo hará. El que considera que su vida no tiene sentido, no lo encontrará. El que siente que todo es muy complicado, se complicará la vida, y el que todo lo ve más sencillo será más práctico. El que considera que no merece amor, tendrá relaciones difíciles, mientras que aquel que confía se dará el tiempo necesario para amar verdaderamente.

En cuanto al tema que concierne a este libro, se entenderá que quienes creen que deben esforzarse por todo acabarán convirtiéndose en encarnaciones de Sísifo, antiguo rey de Corinto, condenado a llevar rodando una enorme piedra hasta lo alto de una colina sin posibilidad de descanso o liberación puesto que, cuando está a punto de alcanzar la cumbre, el peso de la roca lo hace retroceder y esta vuelve rodando al pie del monte. Para estas personas la vida es un problema que exige esfuerzo y sacrificio, el cual será recompensado en la otra vida, es decir, una vez fallecidas y traspasadas a un cielo que las colmará por tantos sufrimientos asumidos.

Muy distinto será el punto de vista de quienes vayan intimando con la idea de perseverar en aquello que quieren conseguir, aquello que aman o que les puede hacer felices. La palabra «esfuerzo» adquiere así un sentido virtuoso, en tanto que representa la medida de la energía, inteligencia y amor que se aplica en lograr un bien que será jubilosamente recibido por el espíritu. Tienen claro que no se trata de esforzarse, sino de gozar y fluir con lo que hacen. Y en efecto, cuando perciben que se están esforzando demasiado, deciden replantearse el objetivo o motivación de lo que están haciendo. Puede entenderse así que el esfuerzo solo aparece en aquellos momentos en que otras fuerzas, como el deseo o la frustración, la pereza o la dispersión, pueden apartarlas de sus propósitos.

Toda esta amalgama de ideas, creencias y sentimientos acaba repercutiendo en nuestro cuerpo. Sin darnos cuenta, todo lo que pasa por nuestra mente tiene un impacto en la faceta física. Se establece así una relación tan estrecha, que difícilmente podemos distinguir entre forma y fondo. ¿No son acaso lo mismo? Lo que hacemos en el mundo exterior nos lo hacemos. El cuerpo acaba siendo expresión de lo vivido y motor a su vez de nuestras voluntades. Si pretendemos que nuestra energía arranque, hay que darle propósitos, motivaciones para ello. Sin embargo, no llegaremos muy lejos si las baterías están agotadas.

Para trabajar con nuestras creencias, quizá nos sirva de ejemplo la idea tan socorrida de «Querer es poder». Parece que es así, y así lo corroboran quienes han logrado grandes propósitos. Sin embargo, permíteme que introduzca una breve reflexión fruto de mi experiencia como terapeuta. Mi visión le ha dado la vuelta al tema: ¡Poder es querer!

¿Cuántas veces has querido algo de corazón y no has podido llevarlo a cabo? Algunos aducirán que tal vez no lo querías tanto, o que fue un deseo excesivo, mal planteado o alocado. No obstante, la mayoría de estudios que encontrarás también en este libro indican que somos grandes lectores de nuestras posibilidades, que nos gusta asumir retos específicos, a corto plazo, y sobre todo que tengan la condición de «alcanzables». Dicho de otro modo: acabamos poniendo todo nuestro empeño cuando las cosas se nos muestran posibles, o tenemos la habilidad de creer que para alcanzar lo imposible solo necesitamos más tiempo.

Las personas a las que adjudicamos el mérito de haber logrado grandes gestas suelen destacar su inconsciencia (no sabían que no podían) o bien su perseverancia (estaban convencidas de lograrlo). Así pues, la premisa es el convencimiento de poder lograr aquello que quieren. No es suficiente con proclamar que lo queremos. Hay que añadir la percepción de poder lograrlo, por mínima que sea.

Lo mismo ocurre con el amor. Mucha gente cree que el amor lo cura y arregla todo. Mas no suele ser así. O dicho de otra manera, el amor por sí solo no es suficiente. Hay que poder y saber amar. Y ese poder se basa en otras cuestiones, quizá menos poéticas y más prácticas cuando se trata de construir una convivencia, basada —eso sí— en el amor. El querer, el deseo, es el gran motor de nuestra existencia. Pero no somos solo impulsos. El poder no lo da el mero hecho de querer, sino el saber cómo hacerlo. Falta que nos sintamos capaces de algo para que lo queramos más que a nadie, más que nunca.

EL NUDO GORDIANO DE LA VOLUNTAD: QUERER LO QUE NO QUEREMOS

Dicen que fue Alejandro Magno quien resolvió el enigma del nudo gordiano, cortándolo con su espada. Nuestras voluntades a menudo se asemejan a nudos que parecen imposibles de desatar. Centremos el asunto en un simple planteamiento: el problema de la voluntad es cuando se ve contrariada. Cuando toca querer lo que no queremos.

Cuando se nos pide que tengamos voluntad, no es que no la tengamos. Es que va en dirección contraria. Cuando navegamos en buena dirección y con vigor, nadie nos plantea que pongamos más empeño en ello. Uno no se plantea si tiene voluntad de comer, cuando tiene hambre. Lo quiere y punto. Todo cambia cuando hay que hacer un esfuerzo para no comer, o hacerlo condicionado por una dieta prescrita. Ahí se forma el nudo: ¿cómo querer lo que no queremos? O bien, ¿cómo renunciar a una de dos cosas que queremos a la vez?

Pongamos un caso más complejo, aunque habitual hoy en día. Una pareja en crisis. Aparece una tercera persona. Hay hijos de por medio y uno de los cónyuges propone dar una oportunidad a la relación. En el mejor de los casos, se sigue queriendo a la pareja, aunque la pasión o el enamoramiento ahora se dirige hacia otra persona. ¡Menudo nudo gordiano! La voluntad entra en crisis porque lo que desea el que ha entrado en conflicto es estar con la persona de quien se ha enamorado. Sin embargo, también quiere a los hijos y a su pareja, aunque de forma diferente. Supongamos que se resuelve volver a la vida matrimonial y abandonar la relación pasional, lo que suele ocurrir en muchos casos. ¿Cómo se logra doblegar la voluntad?

Tal vez el término «doblegar» no sea el más adecuado, aunque lo empleo porque solemos utilizar este tipo de expresiones para simbolizar la necesidad de tener una voluntad diferente de la que tenemos. Como hemos apreciado, eso no es tan fácil. No se doblega la voluntad, sino que se la inspira a pasar de un bien a otro mayor. Para ello necesitamos una voluntad capaz de discernir, algo que se obtiene educándola en la compasión.

Sin embargo, los intentos de querer lo que no queremos fracasan una y otra vez porque el bien mayor al que se aspira se encuentra en el futuro, mientras que el deseo de lo que queremos ahora se encuentra en el presente y se experimenta como una realidad absoluta. Entramos así en el concepto que nos interesa: fortalecer la voluntad. Cuando sabemos que el bien será mayor, pongamos por caso, dejar de comer esa tarta a la que nos hemos acostumbrado pero que nos lleva al sobrepeso, necesitamos la llamada «fuerza de voluntad». Como su nombre indica, se trata de una fuerza que como tal se debe entrenar.

Siempre me viene a la mente la imagen del levantador de pesas en el instante en que debe sostener la haltera hasta que el juez da la señal de «tierra». No todo consiste en poseer fuerza suficiente, sino que el peso levantado debe ser mantenido en la posición final de inmovilidad, mientras el atleta permanece con los brazos y piernas extendidos y los pies alineados, paralelos al plano de su tronco y de la barra. Perseverar en la postura es la clave del éxito. Ahí es donde fracasan muchos propósitos. Nos cuesta mantenernos de pie cuando nos abate el desánimo o el sufrimiento que causan las frustraciones.

Si atendemos a las imágenes que proyectan los especialistas en halterofilia, observaremos su trabajada musculación. No se pueden levantar esos pesos si no se ha logrado un punto de fuerza muscular equilibrada con la tensión que tendrá que soportar. Si el peso es excesivo, la musculatura no resistirá. Lo mismo ocurre con la voluntad. Si exigimos demasiado de ella, si sostiene una carga excesivamente pesada, se agotará.

Para evitarlo, el levantador de pesas debe cuidar su dieta y seguir algunos hábitos saludables que le permitirán estar en las condiciones físicas adecuadas. Entre esos hábitos vamos a incluir los mentales, es decir, una adecuada manera de pensar que no entorpezca su proceso de concentración, unas motivaciones bien definidas y el objetivo que quiere alcanzar. De lo contrario, puede verse atraído por otras fuerzas que también están presentes en nuestras vidas, como un deseo desmedido o la pereza en toda su expansión.

Nos preguntábamos al principio de este apartado cómo podemos querer lo que no queremos. No existe alternativa: hay que abrir dos vías que rompan la inercia del hábito. Esas vías son el incremento de la necesidad o la revalorización del objetivo, de forma que este resulte más atractivo. Como ya se ha dicho, ir de un bien a otro mayor.

El incremento de la necesidad es algo que practicamos a menudo, sobre todo cuando se nos priva de alguna cosa. Solo es preciso que nos prohíban algo para que lo deseemos casi como una prioridad. Así lo intuyó el filósofo Michel de Montaigne al dedicar en sus *Ensayos* un capítulo al tema: «De cómo nuestro deseo se acrecienta con la dificultad», que comienza con una frase célebre: «No hay razón que no tenga su contraria.» Estrechamos y abrazamos ese bien tanto más fuertemente y con más apego cuanto menos seguro lo vemos y más tememos vernos privados de él. Nada hay tan contrario por naturaleza a nuestro gusto como la saciedad que proviene de la facilidad, ni nada que lo agudice tanto como la escasez y la dificultad.

Revalorizar el objetivo es hacerlo más atractivo, motivarlo. Pero ¿cómo hacerlo? Atendiendo a algunas razones y, sobre todo, a emociones. Sabemos que la emoción empuja, moviliza, por eso se deriva del latín *e-movere*. Que la emoción lleva la voz cantante se pone de manifiesto cuando, de repente, decidimos hacer todo lo contrario de lo que habíamos pensado. Es un impulso más que una premeditación. No hay razones, solo inclinaciones. Nuestras motivaciones profundas, anidadas en el inconsciente, han decidido ya por nosotros. Lo único que nos queda es aceptar esa decisión y, para ello, debemos deliberar un rato hasta estar de acuerdo con nosotros mismos. A eso le llamamos «decidir».

Todos los expertos están de acuerdo en que nuestro mundo de instintos (determinaciones filogenéticas) y pulsiones, así como nuestra memoria emocional, convenientemente aderezados ambos por la cultura y educados por el sistema social, se encuentran en primera posición en la parrilla de salida de nuestros actos. Freud denominó «cantidades de exigencia de trabajo para la vida psíquica» a los esfuerzos de la mente para lograr llevar a cabo nuestros deseos, convertidos en fuentes de motivación.

Dicho de otro modo, convertimos en una constante la creación de necesidades y la lucha por satisfacerlas. Muchas veces esas motivaciones aparecen atractivamente estimuladas por el entorno, la publicidad, el marketing o lo que los economistas llaman «la fuerza de la tendencia». Saben crear en nosotros un *estado motivacional* que a la larga se convierta en un *rasgo motivacional* (tendencia a repetir la misma acción). Se basa en dos variables:

- **Activación (debilidad o poder de la motivación = energía)**
- **Dirección (objetivo o tipo de motivación)**

Existen fuentes u orígenes de los estímulos que nos activan, que varían a lo largo de dos ejes básicos: fuentes intrínsecas y fuentes ambientales. Cuando la conducta está motivada por fuerzas intrínsecas (por ejemplo, fatiga, curiosidad) está autorregulada. Si las fuerzas que motivan son extrínsecas (dinero, prestigio, poder, filiación) están reguladas por el entorno.

Así pues, sabemos que para llevar a cabo cualquier acto se precisa un cierto grado de energía, que obtenemos mediante los alimentos que ingerimos, sobre todo glucosa. Esa energía es liberada cuando aparece un estímulo activador de nuestra conducta. Tal vez ese estímulo nos motive siempre de la misma manera, aunque lo que se aprecia son sus variaciones.

Puede que algunos digan, por ejemplo, que el sexo siempre les motiva. Sin embargo, lo más probable es que no siempre lo haga en la misma medida e incluso, en alguna ocasión, puede verse relegado por otro tipo de motivación. Solemos ser persistentes, sí, es cierto, pero también lo es que cuanto más variada es la oferta donde escoger, más proclives somos a variar nuestras conductas. Por este motivo se prefiere observar la conducta específica, abierta y manifiesta, antes que adherirse por tradición a un tipo de motivación.

No solo nos interesa la activación de la conducta, sino su direccionalidad, es decir, qué tipo de motivación o motivaciones elige. Es posible, por ejemplo, que de pronto descubramos los placeres de un plato que a partir de ese momento repetiremos casi compulsivamente. Sin embargo, al cabo de unos días la balanza indica que hemos aumentado un par de kilos. A partir de ese momento, la atribución de causa y la atracción por ese plato cambian. Aunque el impulso sea el mismo, la capacidad de razonar sobre los efectos de la comida le dará una nueva dirección a esa motivación

La decisión y elección de una meta suele basarse en una tríada:

- **Necesidad o deseo**
- **Valor**
- **Expectativa**

Hay muchas cosas que podemos desear o creer que necesitamos, pero al mismo tiempo somos conscientes de que no poseen un alto valor para nuestra vida. Del mismo modo, existen expectativas que consideramos inalcanzables o demasiado costosas, con lo cual la motivación brillará por su ausencia. Pero de lo que no cabe duda es de que el deseo, cuando se manifiesta de forma ansiosa, se convierte en el más capaz de enmascarar las otras dos variables. Así se entenderá por qué tan a menudo los demás son capaces de ver mucho mejor que nosotros mismos los intereses que nos animan, ya que pueden observar la tríada sin el componente de impulsividad que nos ciega. Cuando convertimos un deseo en necesidad, perdemos de vista su valor auténtico y la expectativa sobre su alcance. ¿Se entiende ahora porque a veces cometemos locuras?

Clark Leonard Hull fue un influyente psicólogo estadounidense en el campo de la conducta y la motivación humana. Según sus investigaciones, la tríada «necesidad, valor, expectativa» puede interaccionar de la siguiente manera:

a) Cuando el valor es elevado y la expectativa de éxito también lo es, la probabilidad de una conducta motivada dirigida al objetivo es muy elevada, siempre y cuando exista un mínimo de deseo y necesidad.

b) Cuando el valor es bajo y la expectativa de éxito también lo es, la probabilidad de una conducta motivada dirigida al objetivo es muy baja, aunque, en este caso, el deseo o la necesidad elevados pueden incrementar la probabilidad de ocurrencia de la conducta.

c) Cuando el valor es elevado y la expectativa de éxito es baja, el elevado deseo o necesidad maximiza el valor y minimiza la expectativa de éxito, incrementando la probabilidad de que se produzca la conducta motivada.

d) Cuando el valor es elevado y la expectativa de éxito es baja, el reducido deseo o necesidad minimiza el valor y maximiza la expectativa de éxito, reduciendo la probabilidad de que ocurra la conducta motivada.

e) Cuando el valor es bajo y la expectativa de éxito elevada, el elevado deseo o necesidad minimiza el valor y maximiza la expectativa de éxito, incrementando la probabilidad de que ocurra la conducta motivada.

f) Cuando el valor es bajo y la expectativa de éxito elevada, el reducido deseo o necesidad maximiza el valor y minimiza la expectativa de éxito, reduciendo la probabilidad de que ocurra la conducta motivada.

Tal vez una situación donde se puede ver claramente esta cuestión es el inicio de una relación amorosa. Partimos de la base de que alguien concede un gran valor al emparejamiento, de forma que, como suele decirse, «busca pareja» o le encantaría encontrarla, algo que acaba convirtiéndose en una necesidad. Supongamos que conoce a una persona que le gusta. Si el deseo que siente por ella va en aumento y roza la pasión, lo más probable es que se lance a la aventura, sin medir el valor del objeto de su amor ni las expectativas de éxito o fracaso. No verá nada más que su propio deseo, que convertirá en una necesidad urgente.

Si la persona le gusta pero no ha perdido la cabeza, intentará seducirla en tanto que la valora positivamente y se ve capaz de alcanzar su objetivo. En cambio, dejará de pensar en ella si la valora a la baja y además ve difícil el conquistarla. Si la desea y la valora, pero considera que será muy difícil seducirla, lo más probable es que incremente su valor, lo cual a su vez restará importancia al hecho de si será o no capaz de conquistarla. En cambio, si no existe un gran deseo, le quitará méritos a la persona y exagerará la dificultad en conseguirla. También podría ocurrir que la persona no tuviera un gran valor, pero sí exista en cambio la posibilidad de ligársela fácilmente. Entonces, si existe un deseo previo, le quitará importancia a esos valores bajos e incrementará el factor éxito. Si existiera un deseo menor, entonces se exagera la valoración baja y también se le resta importancia al hecho de conseguirla con facilidad.

Considero de sumo interés conocer cómo se comporta esta tríada para entender el proceso de motivación de una persona. Y reconocer, una vez más, la fuerza, el empuje que conlleva la percepción de la necesidad, sobre todo en situaciones extremas. Solo así es posible interpretar por qué las personas somos capaces de actuar, a pesar de no disponer, aparentemente, de motivación alguna. Y subrayo «aparentemente», porque en el fondo siempre nos impulsa algún tipo de propósito, sea la obtención de una recompensa inmediata («si haces esto, recibirás aquello») o el más clásico de evitar un castigo o un mal mayor.

La voluntad está en la mente y en el cuerpo

Excepciones aparte, la mayoría de las personas disponen de la facultad de controlar el timón de la nave de su vida. Dicho de otro modo, determinan previa y conscientemente las intenciones y finalidades de sus acciones. Tienen voluntad. Se entiende así que el ser y la voluntad son como uña y carne, un principio generador que impulsa y da sentido a nuestra existencia. No obstante, ceñirse a esta visión trascendente parece depositar toda la responsabilidad en lo despierta u oscura que se encuentre nuestra alma, por no decir nuestro humor. Una visión más actualizada definiría la voluntad como un esfuerzo personal, una actitud necesaria para lograr objetivos que nos proponemos en la vida.

El psicólogo Antonio Bolinches define la voluntad como la capacidad de mantener libremente un esfuerzo continuado orientado a metas u objetivos deseados, mientras que el filósofo José Antonio Marina la explica como la motivación inteligentemente dirigida. Aunque, en efecto, la psicología actual prefiere hablar de conductas motivadas, en nuestro imaginario el tema de la voluntad sigue siendo un elemento muy descriptivo: «No tiene suficiente voluntad para dejar de fumar», «Sacaría mejores notas si tuviera más voluntad para el estudio», «El Gobierno no muestra ninguna voluntad política de atajar el problema del cambio climático».

Sin embargo, los conocimientos actuales sobre el funcionamiento de nuestro cuerpo, en el que vamos a incluir al cerebro, nos invita a observar hasta qué punto la voluntad tiene que ver con algunos procesos de relación mente-cuerpo. Dicho de otro modo, si toda voluntad exige fuerza y la aceptación de un reto, el cuerpo puede intervenir facilitando la acción o puede convertirse en un gran obstáculo.

Robert Sapolsky, uno de los grandes referentes en el estudio del estrés, que sorprendió al mundo con un libro al que tituló *¿Por qué las cebras no tienen úlcera?*, explica que el modo de concebir las enfermedades que nos afligen consiste en reconocer la interacción entre el cuerpo y la mente, en admitir que las emociones y la personalidad causan un tremendo impacto en el funcionamiento y la salud de la práctica totalidad de las células del organismo.

En fisiología se aprende que el cuerpo activa respuestas y adaptaciones *específicas* ante desafíos *concretos*. Cada propósito que nos planteamos puede quedarse en una mera declaración verbal, como los brindis de fin de año, o pueden penetrar en el campo de nuestra acción inmediata. ¿Cómo nos encontramos en ese momento? ¿Estamos preparados para la salida? ¿Cuál es nuestro nivel de estrés? ¿Y el nivel de optimismo?

Suzanne Segerstrom, psicóloga de la Universidad de Kentucky, es una de las investigadoras pioneras en el estudio del optimismo y ahora también de las bases biológicas de la fuerza de voluntad. Segerstrom ha comenzado a identificar los cambios en los sistemas autónomo, cardiovascular, inmunológico y neuroendocrino durante los actos de fuerza de voluntad. Según la investigadora, estos obedecen a una respuesta coordinada de todo el cuerpo que nos ayudaría a adaptarnos a los desafíos que demandan autocontrol. Como veremos más adelante, esta palabra odiada incluso por algunos especialistas, que relativizan las expectativas sobre nuestra capacidad de autocontrol, se convertirá en la base para entender y manejar nuestra voluntad.

Recordemos la pregunta del principio: ante el hecho cotidiano de levantarse cada mañana, ¿cómo lo conseguimos, teniendo como tenemos un montón de razones para no hacerlo? Seguramente porque también tenemos algunas otras razones u obligaciones que nos mueven. En efecto: para los que quieren seguir entre las sábanas, levantarse de la cama va a suponer un esfuerzo.

No obstante, vamos a introducir ahora ese nuevo elemento del que venimos hablando. ¿Cómo hemos descansado? ¿Cómo sentimos a nuestro cuerpo, aparte de adormecido? ¿Nos duelen las articulaciones? ¿Hay rigidez? ¿Sentimos que nos cae el mundo encima? ¿Saltamos de la cama con vigor y flexibilidad? ¿Nos espera un día tranquilo o ya sabemos que va a ser estresante? Todo va a influir en esa voluntad que, quizá, nos impulsaría a salir a comernos el mundo. Sin embargo, cualquier factor o agente que afecte a nuestros sistemas psíquico, neuronal, endocrino o inmunológico puede dar al traste con nuestras buenas intenciones.

Hoy en día las condiciones de vida exigen desarrollar fuerza de voluntad. ¿La hemos entrenado? ¿La hemos hecho fuerte? Así como para el atleta la preparación física y mental es imprescindible, también para lograr nuestros objetivos debemos prepararnos en todos los sentidos. Hay que tomarse muy en serio esa relación entre la mente y el cuerpo para convertirla en una aliada. Eso supondrá que algunas veces tocará hacer cosas que, en primera instancia, no nos apetecen o nos parecen innecesarias a corto plazo. No importa. Hay que hacerlo igualmente porque de lo que aquí se trata es de muscular la voluntad. Entrenarse en ello es entrenarse en el autocontrol.

DEMASIADOS ESTÍMULOS PARA TAN POCA VOLUNTAD

Nuestra vida, tanto en el ámbito personal como en el social, está llena de paradojas. Una de ellas tiene que ver con los enconados esfuerzos de un sistema sanitario que vela por la llamada «prevención» e invierte miles de millones en investigación y en nuevos aparatos de precisión. Y pese a ello, estamos más enfermos que nunca.

Otra paradoja curiosa tiene que ver con los motivos de

este libro. Nuestras sociedades han logrado instaurar lo que se ha dado en llamar «cultura del bienestar». Vivimos indudablemente más y mucho mejor que nuestros antepasados de hace solo cincuenta años. Por el contrario, nos sentimos peor que ellos porque ese mismo bienestar nos ha inoculado un antígeno en pleno sistema anímico-vital: demasiados estímulos para tan poca voluntad. Justo a la inversa de aquellos tiempos en los que existía mucha más voluntad (también resignación) y menos compensaciones.

Hay una respuesta común para esas dos paradojas: tienen que ver con nuestro estilo de vida. Todas las investigaciones médicas apuntan a que el aumento de enfermedades están estrechamente relacionadas con los cambios en las condiciones de vida de las personas. Lo mismo ocurre en el ámbito psicológico, donde observamos un incremento considerable de los trastornos, tanto mentales como de personalidad. Todo apunta a que una de las causas es la forma en que hemos organizado nuestra existencia, en la que perseguimos infinidad de placeres innecesarios a un precio demasiado doloroso. Como nos mostró Epicuro, hemos perdido la brújula de lo que es realmente natural y necesario.

Quizás acabe ocurriendo, al contrario de lo que sostienen algunos políticos, que el hecho de convertirnos en la primera generación que se vea obligada a reducir sus expectativas materiales se revele como la gran oportunidad de vivir equilibrando el bienestar externo con el subjetivo. Vivir con mesura para sentirnos mucho mejor.

En las conferencias que realizo en ámbitos escolares suelo presentar una especie de escalera descendente a partir de dos únicas variables: lo que cada generación quiso evitar a la siguiente y lo que le dio. Por no remontarme mucho en el tiempo, parto de la época de la posguerra.

En aquellos tiempos de escasez, los padres quisieron dar a sus hijos alimento, evitándoles así la muerte.

La generación posterior, que pudo vivir más o menos bien alimentada, quiso que sus hijos tuvieran trabajo, evitándoles así la miseria.

Aquellos que pudieron trabajar desearon que sus hijos tuvieran estudios; que no solo accedieran a un puesto de trabajo, sino que fueran «alguien» en la vida. Les evitaron la ignorancia.

Una vez alcanzada la misión de tener retoños con estudios, quisieron que además disfrutaran de un estatus social o fueran exitosos a fin de evitar el rechazo o la mediocridad.

Llegados ya a nuestros días, la generación de madres y padres actuales quiere que sus hijos sean felices. Para ello deben evitarles cualquier tipo de sufrimiento. Es un principio deseable para todo el mundo. Otra cosa distinta es permitírselo todo para evitar el sufrimiento momentáneo. Entonces creamos tiranos que usan el chantaje para salirse con la suya.

En el escenario en que nos encontramos, las últimas generaciones lo han tenido todo (para que sean felices) a cambio de evitárselo todo, con lo cual no han desarrollado ni valorado el sentido del esfuerzo. Se hunden ante cualquier frustración y se irritan si no obtienen todo lo que desean al instante.

En la actualidad, el drama es el siguiente: esta va a ser la primera generación que puede perderlo todo. De hecho, todos los indicadores apuntan a que vivirá peor que sus padres. Cabe preguntarse, empero, si esa realidad es una desgracia y una amenaza o, por el contrario, una oportunidad de construir una sociedad más justa, realista y dotada de un bienestar interior o subjetivo que permita vivir en una auténtica felicidad. Ahora que ya hemos comprobado que el exceso no nos hace más felices, sino más ansiosos, tal vez ha llegado el momento de reconducir el bienestar logrado para orientarlo hacia una cultura del ser, donde el crecimiento sea personal y a la vez colectivo, en vez de esa codicia de bienes materiales que por poco acaba arruinando el planeta. Dicho esto, no puedo ser insensible a los costes generacionales que supone una economía en recesión continua.

De momento, aún nos resistimos al cambio. Los padres luchan por salvar los muebles y los hijos, como respuesta, les devuelven indignación. «¡Menudo mundo que nos habéis dejado en herencia! ¡No lo queremos!» Hasta ahí puede entenderse la explosión de un sentimiento colectivo, al que por empatía se han sumado personas de toda condición que también aspiran a un mundo diferente.

Pasada la primera emergencia de este movimiento de indignación, llega la hora de pasar a la acción, de canalizar dicho sentimiento en pos de lo que verdaderamente queremos, en lugar de limitarnos a manifestar lo que no queremos. La fuerza y el empeño de la indignación ha devuelto a muchos ciudadanos la capacidad para reaccionar contra esa indefensión en la que habitaban, convencidos de que no había nada que hacer. Es un movimiento que nos anima a escapar de las garras de la inmediatez para volver a la reflexión y al sentido comunitario.

Decía Confucio que en épocas de guerra hacen falta generales, pero en tiempo de crisis hacen falta buenos pensadores. Precisamente, la inmediatez es enemiga del pensamiento profundo y elaborado. Cuando suprimamos esa lacra que hoy en día está instalada en todos los ámbitos quizá seamos capaces de retomar el camino de los valores, o sea, de distinguir entre lo que realmente vale y lo que no. Sirva la siguiente anécdota para ilustrar la cuestión:

Hace poco un político exponía una situación rocambolesca que cada vez se da con más frecuencia en el juego entre nuestros representantes democráticos, los medios de comunicación y las redes sociales. Mientras realizaba una rueda de prensa en calidad de portavoz del gobierno que representaba, un miembro de la oposición emitió su opinión a través de Twitter. El comentario fue recogido por un periodista, quien a su vez interrogó al portavoz sobre tales declaraciones, cuando este aún no había acabado su intervención. ¡Impresionante!

Resumen del capítulo

- Los estudios actuales sobre la voluntad aportan una nueva visión:
  1. La fuerza de voluntad es una respuesta tanto de la mente como del cuerpo, no solo un modo virtuoso de pensar.
  2. El uso de la fuerza de voluntad puede agotar los recursos del cuerpo.
  3. La fuerza de voluntad es limitada.
  4. La fuerza de voluntad puede entrenarse.

- Observa tus pensamientos recurrentes, porque se convertirán en creencias que van a modelar tu realidad, serán tu «mapa» y, por ser el tuyo, te implicarás en él, será tu destino.

- ¿Cómo podemos querer lo que no queremos? El único sistema consiste en abrir dos vías que rompan la inercia del hábito o de las creencias. Esas vías son:
  1. El incremento de la necesidad (nuestro deseo se incrementa con la dificultad).
  2. Revalorizando el objetivo, haciéndolo más atractivo (ir de un bien a otro mayor).

- Un estado motivacional depende de dos variables:
  1. Activación (debilidad o fuerza de la motivación = energía)

2. Dirección (objetivo o tipo de motivación)
   Las fuentes de la activación pueden ser intrínsecas o ambientales. Cuando la conducta está motivada por fuerzas intrínsecas (por ejemplo, fatiga, curiosidad), está autorregulada. Si las fuerzas que motivan son extrínsecas (dinero, prestigio, poder, filiación), están reguladas por el entorno.

- La decisión y elección de una meta suele basarse en una tríada:
  1. Necesidad o deseo
  2. Valor
  3. Expectativa

SEGUNDA REFLEXIÓN:
¿Esfuerzo o perseverancia entusiasta?

SOBREESFUERZOS PSICOLÓGICOS INNECESARIOS

Mi experiencia como psicólogo clínico me ha permitido desentrañar algunos mecanismos que los humanos elaboramos con el mejor de los fines, aunque con el peor de los resultados. Son nuestros prejuicios, que suponen una carga o dispendio energético del que, a veces, no somos suficientemente conscientes. Del mismo modo que el cuerpo se defiende y acoraza ante enemigos externos o el sistema inmunitario se despliega ante amenazas orgánicas internas, nuestra psique, y en concreto esa construcción mental a la que llamamos «ego», dispone de sus mecanismos para intentar sobrevivir a las incertidumbres existenciales —léase miedos— con tal de favorecer su gran propósito: mantenerse en calma y ser feliz. Probablemente nuestros mayores sobreesfuerzos psicológicos se destinen en primer lugar a evitar el sufrimiento, y a lograr el goce y el gozo en segunda instancia.

Aunque parezca que el principal destino del ser humano sea alcanzar la felicidad, lo que se observa es que dedica más tiempo y recursos a evitar el sufrimiento que a conseguir esa felicidad deseada. O quizás eso que llamamos felicidad se obtiene, de algún modo, cuando se logra que no exista motivo alguno de sufrimiento. Mientras hay dolor, difícilmente puede haber también felicidad. Así lo afirma Rogeli Armengol, cuando determina que «el dolor, en sus diversas formas, dificulta o imposibilita la felicidad». Se refiere al sufrimiento físico tanto como al mental o anímico, en todas sus facetas: miedo, ansiedad, inquietud, amargura, angustia, malhumor o pena. El dolor, tal como lo define el autor, es el mal. Lo malo es lo que causa daño o dolor.

No obstante, admitamos también que existe cierta tendencia a complicarnos la vida, a causarnos un dolor innecesario por anhelar algunos imposibles que el mismo Rogeli Armengol relata: «Cuando se examina con detalle la situación de las personas infelices, la causa más frecuente de la desdicha es el error de esperar demasiado de la vida y de los demás, situación que nos conduce irremediablemente a la amargura.» Desear en exceso ser amados y reconocidos, no cabe duda, genera demasiado estrés y escasas compensaciones.

Un camino basado en la evitación es agotador. Extenuante. Sin embargo, insistimos en ello una y otra vez porque nos habituamos a repetir los mismos mecanismos de prevención hasta convertirlos en hábitos mentales que, pese a reconocer que son negativos o infructuosos, nos parecen inevitables. Una vez mecanizados cuesta horrores salir de ahí. No obstante, se trata de una percepción errónea. Hoy en día disponemos de múltiples metodologías que ayudan a las personas a introducir cambios en esas estructuras mentales que aparentan estar muy enraizadas.

A continuación expondré varios de estos mecanismos

que tantos quebraderos de cabeza nos dan. Lo más probable es que te sientas identificado con alguno o algunos de ellos. Ni se te ocurra preocuparte. En primer lugar, porque no lo sufres en tu soledad, sino que lo compartes con muchísimas más personas. No es ningún consuelo, sino una forma de decirte que no confundas ese hábito con tu personalidad. En segundo lugar, porque convendría saber hasta qué punto es un hábito persistente o solo presente en determinadas situaciones. Lo habitual es que todas las personas presentemos, en menor o mayor medida, algunos de estos mecanismos psicológicos.

Escondernos detrás de una máscara

Probablemente el mayor sobreesfuerzo que realizamos la mayoría de humanos es escondernos detrás de esa máscara que llamamos «persona», al menos ese es el sentido de la palabra en griego. Llámese «ego», rol, personaje o máscara, nos referimos a eso de poner buena cara cuando estamos tristes, o de decir que sí cuando queremos decir no, o de mantenernos enteros ante un hijo para que no nos vea llorar; esos sobreesfuerzos para que no se nos note lo que nos pasa por dentro, para esconder nuestras vulnerabilidades, para ganarnos la estima y la valoración de los demás con la intención de quedar bien con ellos a costa de sentirnos fatal con nosotros mismos. En resumen: una carga muy pesada.

El peor de los precios ante esta actitud es la enfermedad, tanto psicológica como orgánica. Retener, reprimir, aguantar, cortar, inhibir nuestros estados emocionales es lo mismo que acumular toxicidad. ¿Dónde vamos a verter tanta energía negativa? Toda energía que no se destina a crear, acaba siendo destructiva. Por eso también enfermamos.

El proceso de individuación por el que tanto apostó Carl Jung no deja de ser el camino de maduración que busca encontrar el equilibrio que permita no traicionarse a uno mismo y, a la vez, convivir integradamente con los demás. Tenemos miedo de nosotros mismos, de expresar lo que somos y lo que vivimos. Y tenemos miedo de los demás, que nos engullan, que nos diluyamos en ellos, que no nos quieran, que nos rechacen. Por esos miedos nos protegemos con máscaras, con corazas, con personajes. Son útiles para la vida social, aunque el precio es muy alto: el sobreesfuerzo constante de estar ocultando lo que tememos.

La vergüenza

Callada y agazapada en nuestro interior, la vergüenza esconde nuestras fragilidades. El miedo a la mirada del otro, a su juicio, a su desprecio nos somete a un duro silencio no escogido. Al final se evita casi todo para no morirse de vergüenza.

En mi práctica como psicólogo existe un momento inevitablemente paradójico. En el primer encuentro, dos personas que no se conocen de nada entablan una conversación en la que uno de ellos habla de sus aspectos más íntimos y privados. De sopetón, se pasa del «buenos días» al «mire usted, me he enamorado de otra persona y mi pareja no lo sabe», por ejemplo. Con empatía y respeto, el profesional procurará que no sea un momento demasiado chocante, más aún si se viene dispuesto a «contarlo todo». Establecer una relación que facilite el proceso es fundamental.

Lo que quisiera resaltar de ese y otros muchos instantes de revelación personal es la fragilidad, la vulnerabilidad en la que nos hallamos cuando emergen nuestros sentimientos más ocultos. Quedamos al desnudo. Mostramos los entresijos de nuestra coraza. Aireamos las miserias de nuestros pensamientos. Exponemos las listas de nuestros miedos y errores. Liberamos fieras y horrores. Quitamos la trampa y el cartón para quedar expuestos a la mirada ajena. También a su juicio o desprecio. ¡Qué vergüenza!

Esta situación se produce porque tememos la reacción del otro, aunque sea un sí o un no. Uno nunca está solo en la vergüenza, siempre es la idea de lo que pueda pensar el otro lo que causa el sufrimiento. Una situación humillante desencadena una rabia muda, una desesperación o un embrutecimiento traumático. En esos casos la vergüenza viene dada por el hecho de creer que el otro tiene una opinión degradante. No obstante, eso no es lo peor. La revelación de un secreto oculto más bien tiende a liberarnos de su esclavitud, aunque a cambio nos deja expuestos y vulnerables. Entre la confesión y la respuesta del otro quedamos en paños menores, y justamente es eso lo que pretendemos esconder. No nos gusta mostrarnos frágiles, perdidos, confusos o sin razón alguna. Eso es lo que nos avergüenza.

También nos avergüenza someter a los demás a nuestro sufrimiento. ¿Con qué derecho echamos nuestra aflicción sobre nuestros allegados? Preferimos callar, sin darnos cuenta que de este modo enturbiamos aún más la relación, introducimos en ella una sombra que se instala entre el tú y el yo. Compartir alegrías es una cosa pero, ¿quién querrá unirse a nuestras vergüenzas? Hay tantas cuestiones que suponemos que no se pueden o deben explicar, que preferimos el ocultamiento para no ser despreciados y para protegernos a nosotros mismos, preservando la imagen que nos parece más adecuada.

Cuenta Boris Cyrulnik que uno se adapta a la vergüenza mediante comportamientos de evitación, de ocultación o de retirada que alteran la relación. No se libra uno de la culpabilidad o de la vergüenza, sino que se adapta a ella para sufrir menos. Puede ocurrir, sin embargo, que la vergüenza se transforme en su contrario: en orgullo y arrogancia. O, en ocasiones, en indiferencia o cinismo. ¡Menudas cargas energéticas!

La vergüenza no sirve para nada, pero crea un escenario interior de moralidad y muchas veces de culpa. Se convierte así en una arma que el avergonzado entrega a quien le mira. Por eso no nos queda más remedio que confiar en nuestra propia mirada, en aceptar la vulnerabilidad como parte del proceso de aprender a ser. Sin silenciarla. Sin esconderla. Expresándola adecuadamente. Eso es liberarse. El resto, solo supone atormentarse.

Resistirse a la vulnerabilidad

Ahondemos algo más en el tema anterior, aunque ahora desde la perspectiva de la vulnerabilidad. Una de las cargas más onerosas es esconder nuestra propia fragilidad. No nos gusta que nos vean vulnerables porque tememos que nos hieran, que nos rechacen o vernos en una situación vergonzante. La vulnerabilidad no es un problema, sino un estado del ser. Sí lo es, en cambio, resistirse a su presencia.

El escritor checo Milan Kundera planteó sus dudas existenciales en una novela que después se convirtió en una exitosa película: *La insoportable levedad del ser.* A través de diferentes historias nos ofreció la posibilidad de reflexionar sobre una dicotomía muy humana: la levedad y el peso de vivir. Sin duda, en nuestra vida se dan situaciones de fragilidad, más aún en momentos como el actual, cuando vemos tambalearse muchas de las bases sobre las que edificábamos nuestra existencia. Es fácil vivir hoy con grandes dosis de desorientación, miedo, incertidumbre, dudas... Todo obedece a lo mismo: vulnerabilidad.

Sometidos a ella, experimentamos la mayor de nuestras inseguridades, la sensación inequívoca de no ser nada ni nadie. Desamparados, todo se hace enorme y nosotros pequeños. Vivimos en una incómoda desnudez, vergüenza en estado puro, una sensación de que la eternidad será así de insoportable. Sin embargo, ese dolor del alma esconde nuestras mayores fortalezas.

Del mismo modo que lo opuesto al miedo no es la valentía, sino la temeridad, lo contrario de la vulnerabilidad no es la fortaleza, sino la insensibilidad. La fortaleza es la virtud que equilibra esos dos extremos, el exceso y el defecto, tal y como señaló Aristóteles. ¿Qué fortaleza puede emerger de la vulnerabilidad? Cuando nos asalta la vulnerabilidad lo primero es franquearle la entrada, sin prisas, condenas ni represiones. Hay que escuchar lo que nos dice sobre nosotros, lo que trae de nuestro pasado, lo que andaba desprotegido y lo que nos propone para el futuro. Hay que permitirse abandonar viejas fortalezas para abrazar nuevas incertidumbres que algún día se convertirán, a su vez, en fuerzas renovadoras.

Si la vulnerabilidad nos ha puesto en duda, el paso siguiente es «desdudarnos» y asumir el riesgo del salto al vacío. No importa tanto el resultado de la elección como el propio acto de definir. Si solo vemos el resultado, si solo actuamos bajo el control más estricto, nos hacemos más proclives a la vulnerabilidad. En cambio, asumir cierto grado de incertidumbre permite ejercer la entrega incondicional a la confianza propia.

No hay que huir de la vulnerabilidad, sino abrazarla. Hay que amarla como una parte de nosotros mismos y permitirle que nos exponga a nuevos estadios de crecimiento. Abrazar la vulnerabilidad es sostenernos a nosotros mismos, amarnos desde el lado que solemos oscurecer. Es sentirnos vivos, sensibles y amantes. Lo contrario es un sobreesfuerzo inhumano: armarse, defenderse y atacar.

Amar = hacerse cargo

A veces aparece la siguiente pregunta: ¿qué serías capaz de hacer por amor? Parece que otorgamos a ese sentimiento una incondicionalidad en la que se es capaz de todo. De mover montañas, alcanzar la luna, vencer cualquier obstáculo. Son metáforas hermosas, que retratan las heroicidades de las que hemos sido capaces en nombre del amor. Sin embargo, esa visión platónica contrasta con ese otro amor, el amor duro del que tan bien habla la filósofa María Toscano, que invita a una concepción realista, comprometida y resistente ante las blandeces emocionales que nos presentan aún los productos culturales contemporáneos.

También Walter Riso defiende una concepción del amor menos ciega y más «razonada», que supere esos viejos esquemas que aún sostiene la voz popular: «Si hay amor no necesitas nada», «El verdadero amor es incondicional», «El amor es eterno». ¿Hasta dónde debemos amar?, se pregunta Riso. El límite, según el autor, lo establece tu integridad, tu dignidad, tu felicidad. En cambio estos límites se corrompen cuando «no te quieren», cuando «obstaculizan tu autorrealización» o cuando se vulneran «tus principios o valores».

Entre las confusiones del amor existe aquella que relaciona el hecho de amar con hacerse cargo del otro, acarrear con él o ella, cargar con los deseos, expectativas y normas de aquellos con los que se está vinculado afectivamente. Por un supuesto amor a la pareja, a los hijos o a los amigos, se asumen todos los esfuerzos que corresponderían a los otros, pero que a estos les cuestan o, en según qué casos, no les apetecen. El que experimenta ese amor mal entendido carga con las obligaciones de los demás y luego muchas veces se queja de ello. Siente que su destino no es otro que hacerse cargo del sufrimiento ajeno, aunque en el fondo sospecha que es el mismo diablo quien les toma el pelo. Encerradas en el círculo del deber autoimpuesto, estas personas aceptan una pesada carga porque, según aducen, «lo que ellas hagan, no tendrán que hacerlo otros». Me temo que también parte de la base de que «nadie lo hará como ellas». Esa convicción, precisamente, sostiene una falsa manera de entender las relaciones. Tales personas conciben de forma sesgada el hecho de llevar a cabo actos generosos y altruistas sin esperar nada a cambio: dado que se esfuerzan en ser generosas y abnegadas, esperan ser amadas. Demasiadas expectativas, demasiados sobreesfuerzos para acabar, al final, agotadas e infelices. ¡Malditos hombres buenos!, como diría Nietzsche.

Amar a quien no nos ama

La variante más reconocida de las confusiones del amor es seguramente la obstinación en amar a quien no nos ama. Es un desgaste monumental. Un vaciamiento que no tiene compensación. Una mala versión del arte de amar. Una entrega a la dependencia emocional por la que se paga un precio desorbitado. La alternativa, citando de nuevo a Riso, sería la siguiente: «Si ya no te quieren, aprende a perder y retírate dignamente.»

La obstinación en el malquerer se fundamenta en algunas creencias erróneas en las que incurrimos con frecuencia:

- Cuanto más se resiste una relación más hay que luchar por ella.
- Si es imposible aún es más deseoso.
- Si le ponemos ganas, si queremos, podemos con todo.
- La esperanza es lo último que se pierde.

Algunas de estas perlas acaban justificando sufrimientos innecesarios. También se buscan multitud de argumentos para no ver la dura realidad de que nos abandonan, que no nos quieren, que toca perder.

Para Riso, la esperanza es lo primero que hay que perder. Hay que dejar de ver en el otro cualquier signo que justifique el «todavía me quiere». Hay que dejar de visualizar solo los buenos momentos y ser capaces de observar también las largas sesiones de dolor, desengaños y humillación. No obstante, el abandonado se recrea en el charco de sus lágrimas, las expone como trofeo a su lealtad, a su incombustible amor. Hay en todo ello algo de arrogancia: no poder soportar la idea del abandono. Con tal de evitarlo, se invierte tanta energía que la persona acaba desnutrida afectivamente.

Ser buenos = Ser obedientes

Muchas personas han crecido con un sentido obediente de la existencia. Al contrario de los rebeldes, con o sin causa, han aprendido a acarrear con las expectativas de los demás reproduciendo la actitud que tan buenos dividendos afectivos les dio en la infancia. Ahora, de mayores, un ejército de hombres y mujeres no saben cómo salir de esa condenada visión de la existencia en la que no pueden transgredir sus propias obligaciones, o no se atreven a hacerlo. Forjadas en el crisol de una cultura judeo-cristiana, muy dada a la exhortación del sacrificio, se convierten en cumplidoras y, para colmo, perfeccionistas. Nada les duele tanto como defraudar a los demás, tener que admitir que no pueden, desobedecer a la autoridad, equivocarse en un examen o ser pilladas en un renuncio, porque en el fondo se consideran el ejemplo perfecto de la virtud y el control.

Convertirse en un buen niño o en una niña buena tiene su precio al cabo del tiempo. Sin apenas darse cuenta, esas personas que demostraron en su infancia disponer de una impecable capacidad de adaptarse a todo, se encuentran atrapadas en una curiosa paradoja: en ellas la virtud deviene defecto, es decir, su mayor esfuerzo diario consiste en seguir obedeciendo las expectativas de los demás, las normas sociales, las obligaciones que se autoimponen, aunque no haga falta alguna. Siguen adaptándose, solo que ahora el verbo ha cambiado. Ahora «acarrean» con todo. ¡Menudo esfuerzo!

Muchas personas que no se permiten ser flexibles consigo mismas en cambio lo son mucho más con los demás, aunque les pese. Es decir, les consienten lo que no se permiten a sí mismas, lo que revierte en su propia incapacidad para poner límites. Suelen ser hiperresponsables, sumisas a las órdenes jerárquicas, disciplinadas y de una moral inflexible. Aunque aceptan que cada uno haga lo que quiera hacer, ellas no se lo permiten, no pueden ser «malas» con los demás y, para colmo, se recriminan por ello. Si un día se pasan un pelín de la raya, se avergüenzan tanto que la culpa les corroe por dentro.

Volvamos a Nietzsche. En boca de Zaratustra, nos previene que el gran dragón se llama «tú debes», mientras que el espíritu del león dice «yo quiero». Si uno pretende que todos los valores reluzcan en él, renunciará a lo que quiere, a crearse su libertad, para convertirse en lo que debe o en lo que debería, un espíritu obediente aplastado por su propia carga. Hubo un tiempo en el que no había mayor grandeza que cumplir con el deber. Hoy, faltar a nuestra fuerza transformadora, a nuestra creatividad, a vivir en lo que amamos es renunciar al poder de nuestra voluntad. Conquistar nuestra libertad pasa por librarse también del apego a una obediencia excesiva. En este sentido, hay tres consignas que pueden resultar útiles: ocuparse sin exigir, amar sin imponer condiciones y avanzar hacia los objetivos sin apego por los resultados. No son una norma infalible, pero pueden proporcionar una vida con menos complicaciones.

La indefinición

Algunas personas tienen auténticas dificultades para definirse en la vida, para decidir lo que quieren, cómo lo quieren y con quién lo quieren. Desarrollar una personalidad sólida no es tan fácil como parece. Se diría que los años van poniendo orden en nuestra vida y que con el tiempo sabemos mejor cómo manejarnos por la existencia, y hasta cierto punto eso es verdad, es el resultado de los aprendizajes que se van llevando a cabo en el transcurso de la vida.

Sin embargo, también lo es que muchas personas, en su proceso de maduración, no aprenden a definirse por sí mismas y muestran dificultades en escoger lo que les conviene, no disponen de una brújula interior que les oriente en las encrucijadas; en definitiva, viven sin definirse, a merced del viento que sople y de los que tienen la habilidad de hacer que se sientan a resguardo. Como todo, esta actitud tiene sus riesgos y sus ventajas.

En la adolescencia, la búsqueda del ser, del rol social, del desarrollo sexual, de la integración con el grupo —que a veces puede ser tormentosa— puede producir dificultades para que madure adecuadamente la seguridad en uno mismo y provoca una excesiva dependencia de los demás. Uno aprende a definirse más por lo que los otros quieren que por su propio criterio. El asunto podría quedar cerrado aquí, etiquetado como un tema de baja autoestima.

No obstante, una mirada más atenta podría desvelarnos que esas personas pueden ir más allá de una mera dificultad para escoger lo que quieren. Acaban por definirse a través de los demás, es decir, se convierten en su sombra, las imitan, se vacían de sí mismas para dar cabida a los deseos y las necesidades ajenas. Tanto es así, que solo entienden la existencia gracias a la mirada de la otra persona o del grupo de pertenencia. Solo se sienten fuertes si reciben su fuerza y solidez. Claro que entonces se convierten en dependientes, *hooligans*, sectarias, sumisas o indefinidas.

También existen personas cuya conducta no es tan extrema, aunque padecen de eso que podríamos llamar «no tocar de pies en el suelo». Es una analogía muy descriptiva, puesto que les encanta vivir de sus emociones y sensaciones. Se hallan en una especie de montaña rusa emocional, lo que afecta en gran medida a la capacidad de equilibrar razón y emoción. Al fallar esa conexión, sus acciones pueden ser totalitarias. Ahora blanco, ahora negro. Ahora aquí, ahora allí. O se preocupan demasiado o les importa un bledo.

Seguramente el paradigma del indefinido es la duda. Dudar no es bueno ni malo por sí mismo. La ciencia se alimenta precisamente de cuestionar todo lo que un día fue una certeza. Los humanos evolucionamos en todos los sentidos cuando nos planteamos dudas sobre nuestras creencias y nuestros comportamientos. Charles Darwin afirmaba: «Sin duda no hay progreso», y Aristóteles, por su parte, proclamó: «La duda es el principio de la sabiduría.» Consideramos que una actitud inteligente ante la vida es poner en observación las supuestas grandes verdades que la gente vocifera a diario, así como aquellas que nosotros mismos defendemos a capa y espada.

Para Jorge Luis Borges, «la duda es uno de los nombres de la inteligencia». Un distanciamiento crítico conlleva una mayor capacidad para analizar la mayoría de acontecimientos de nuestras vidas. A ello se entregó Sócrates, el filósofo, al interrogar continuamente a sus conciudadanos para saber cómo construían sus supuestas verdades; con qué premisas organizaban sus creencias. Dudar, pues, ha sido y sigue siendo útil para nuestra evolución.

Aun así, una cosa es dudar y la otra obsesionarse por resolver las dudas. La duda continuada, repetitiva, se convierte en un laberinto sin salida que acaba convirtiéndose en una obsesión. La incertidumbre emocional finalmente conduce a la incapacidad de actuar. El escritor y filósofo

Henri Frédéric Amiel decía que el hombre que pretende verlo todo con claridad antes de decidir, nunca decide. El problema, pues, no es la duda en sí misma, sino la elección. Si no hay nada que decidir, la duda no tiene sentido.

El proceso de maduración consiste en un delicado equilibrio entre nuestras definiciones y la capacidad de suprimirlas temporalmente cuando se convierten en un impedimento. Es salir del orden establecido y permitirse el caos, que conlleva creatividad y aprendizaje, para luego danzar en una nueva ordenación. Por eso definirse equivale a elegir. Cuando evitamos hacerlo, corremos el riesgo de que los demás lo hagan por nosotros. Aunque a algunos les vaya bien así, sobre todo para evitar responsabilidades, lo cierto es que el crecimiento personal se alcanza justamente tomando decisiones. Es la manera de aprender a confiar en uno mismo. La única manera de evitar vivir en la indefinición.

CENTRARSE EN LAS ACTITUDES Y NO EN LAS PERSONALIDADES

Uno de los peores enredos de nuestro lenguaje es la asignación del ser o de la identidad a todo lo que hacemos: «No eres bueno en esto» (en lugar de «no se te da bien»), «Eres torpe», «Eres tonto», «Eres irresponsable», «Eres demasiado optimista», «Mira que eres pesado». Lo que hacemos y decimos es atribuible a la conducta, o sea, al hacer y al decir. Sin embargo, con sorprendente facilidad colgamos «sambenitos» a la gente y nos quedamos tan anchos. No somos conscientes de que una cosa es la conducta y otra la identidad. Solo que, para simplificar, tendemos a generalizar, al estilo «por un perro que maté mataperros me llamaron». La tendencia a la generalización en nuestras conversaciones tiene delito, aunque no así condena.

Lo mismo ocurre cuando llega el momento de poner en marcha cualquier propósito que nos hayamos hecho. De poco va a servir que, después de leer este libro e intentar planificar una acción dirigida a su objetivo, acabes concluyendo que no servirá de nada porque «no valgo para esto», «siempre me equivoco», «soy fatal para hacer planes», «no podré hacerlo porque me conozco» «no tengo paciencia para eso», «no soy perseverante», «soy un desastre», etc.

Cuando centramos la atención en nuestra personalidad aparecen las grandes etiquetas con las que nos hemos identificado, sin dar oportunidad alguna a una simple actitud. Por más que crea que no dispongo de una habilidad o de una actitud concreta, solo puedo comprobarlo realmente si me atrevo a intentarlo. Y, en el caso de haberlo intentado antes, lo único que nos dice la experiencia es que el resultado no ha sido el óptimo, con lo cual será necesario seguir probando. La diferencia entre quien lo consigue y quien fracasa radica en dónde sitúa la fuente del problema (como vimos en las atribuciones de causa).

Otra manera de verlo es determinar si nos fijamos en la personalidad (identidad) o en la actitud (valores incluidos). Todo lo que se focaliza en la personalidad será un hueso duro de roer, porque se trata de una generalización a partir de la memoria que tenemos de nosotros mismos. En cambio, centrados en la actitud, podemos confiar en cambios de conducta.

Me gustaría aportar algunas reflexiones y propuestas de actitud que permitan una mejor predisposición para alcanzar nuestros propósitos. La primera de ellas estriba en lo que en términos psicológicos se llama «locus de control». Se refiere básicamente al lugar donde situamos el centro de la situación que queremos desarrollar: si depende de nosotros o queda sujeto a otras personas o agentes externos.

Recuerdo el caso de un compañero que dejó de fumar por amor. Y también por desamor volvió a fumar. Si el control está fuera de nosotros tenemos que poder desarrollar otras estrategias. Por ejemplo, el profesor Stephen R. Covey ideó el famoso «centro de atención» cuando nos proponemos un objetivo concreto, y lo desarrolló a través del siguiente esquema:

Centro de preocupación: Todo aquello que concierne a nuestras preocupaciones cotidianas, familiares y de salud.

Centro de influencia: Define el área de preocupaciones donde no es posible realizar verdaderos cambios.

Centro de atención: Las cosas que nos preocupan y que caen bajo nuestra capacidad de influencia, que se sincronizan con nuestra misión y surgen oportunamente.

Si dedicamos tiempo y esfuerzos a cualquier otro ámbito que no sea el centro de atención, la efectividad se reduce. Si nos pasamos el día en el círculo de preocupación («qué pasará...»), desperdiciamos tiempo en cosas que no podemos controlar ni influir en ellas. Eso es lo que les ocurre fundamentalmente a las personas que se centran en los problemas más que en las soluciones. Cierto que identificar un problema puede ser media solución, pero si ese proceso es estéril, vale más centrarse en las soluciones.

Cuando actuamos dentro de nuestro círculo de influencia tal vez las cosas puedan ir a mejor, aunque siguen sin estar en nuestro radio de acción. Cuando nos fijamos metas es importante que estén dentro de nuestra área de atención. Así obtendremos el máximo rendimiento de nuestros esfuerzos. A eso lo llamo «crear condiciones» para que las cosas sucedan. Es cierto que el amor no se busca, sino que se encuentra. No obstante, sí se pueden crear condiciones para que eso suceda. Sentado en el sofá de casa, difícilmente llamará a la puerta..., aunque nunca se sabe.

En ese sentido, quisiera recordar la necesidad de centrarnos en las actividades más que en los resultados. Si después de empezar una dieta te pasas el día consultando la báscula, eso no te ayudará en tu proceso. Como suele decirse, es mejor gozar del viaje. Cuando lleguemos a puerto, ya veremos.

El locus de control es importante. También lo es, y hoy más que nunca, buscar facilitadores. Una buena actitud requiere apertura hacia los demás, flexibilidad para trabajar en equipo y humildad para reconocer dónde no podemos llegar y sí en cambio dónde lo pueden hacer otros que nos pueden ayudar. Hoy sabemos que una de las mejores formas de motivarse, cuando hay que afrontar grandes esfuerzos, es hacerlos con otros que están pasando por la misma experiencia o con facilitadores (como los *coach*) que refuerzan y modulan la planificación.

La complejidad de nuestro mundo exige la colaboración de todos. Solo una perspectiva de «ganar-ganar» puede sobrevivir al reto de los cambios continuos y de la incertidumbre convertida en un elemento más de nuestro día a día. La actitud colaborativa, la capacidad de gestionar acuerdos más que conflictos, la creatividad puesta al servicio del bien común son el garante de la nueva humanidad que se avecina. A estas actitudes podemos añadir otras que reconocemos por su valor de toda la vida:

La actitud positiva

Todos los estudios sobre el tema afirman que las personas pesimistas viven algo menos que las optimistas. Algo tendrá esa visión de la vida que alarga la existencia, mejora la salud y permite más satisfacción con la propia vida. La actitud positiva se basa, fundamentalmente, en elegir el valor intrínseco de todas las cosas. No pretende ser una visión ingenua de la realidad, sino ver en ella lo que permite gozarla o que le otorga un sentido significativo.

Entusiasmo

En el vocabulario que usamos para interpretar la realidad, algunas palabras como «ilusión», «alegría», «optimismo» o «entusiasmo» han perdido brillo. Parecen no ajustarse al contexto, pero sin ellas la vida queda encogida. Conservamos la capacidad de sentirnos vivos, de decidir hasta dónde queremos que nos afecten los sucesos del exterior y, sobre todo, la facultad de seguir sintiendo y amando. Tenemos, si queremos, la posibilidad de cambiar, de decidir cómo hemos de vivir.

El sustantivo «entusiasmo» procede del griego *enthousiasmós*, formado sobre la preposición *en* y el sustantivo *theós*, «dios», que suele traducirse como el ser habitado por los dioses o por las energías creadoras del universo. El entusiasta posee el poder de crear y, lo mejor, contagiarlo a los demás. Esa es una de las claves del éxito en la vida. El entusiasmo tiene mayor capacidad de influencia, mientras que el desánimo ahuyenta. El entusiasta que no vende humo es capaz de atraer porque despierta luz en los demás.

Confianza

Uno de los pilares de nuestra autoestima es la confianza. Se traduce en la inagotable capacidad de creer en nuestras fortalezas, en la aceptación de nuestras debilidades y la voluntad de convertirlo todo en una nueva posibilidad. La confianza se desarrolla con la práctica, es decir, confiando.

Algunas personas confunden confianza con resultados positivos. La confianza, precisamente, se pone de manifiesto en los momentos críticos. Puede ocurrir que nos decepcionen, nos tomen el pelo o nos sintamos frustrados sin que nada de todo ello resquebraje nuestra confianza. ¿Por qué? Porque quien confía aprende de todo; porque quien confía se hace responsable de su vida; porque quien confía tiene la esperanza de que ocurrirá lo mejor que pueda ocurrir; porque quien confía, confía.

Coraje

El ideograma chino y japonés para referirse a la palabra «coraje» alude al amor que suscita la habilidad de ser bravo. Al adoptar una actitud con coraje no estamos recurriendo a la valentía, ni a una fuerza extrema, ni a la resignación ante el sufrimiento. En realidad, se trata de alentar al corazón para que adquiera su fuego natural, en un acto de amor hacia uno mismo y hacia la vida. Porque amamos somos bravos, y no a la inversa. Solo así cabe entender los gestos y las gestas extraordinarias que han hecho muchas personas que en absoluto ocultan en su interior a un belicoso guerrero.

Actitud generativa

Como hemos observado, algunas personas tienden a centrarse en los problemas o en las zonas oscuras de la existencia. Metidos en esos sótanos difícilmente pueden apreciar la luz del sol. Sin embargo, la vida es, en esencia, generativa: crea continuamente. También nosotros tenemos la capacidad de encontrar en todas las cosas los elementos necesarios para una nueva creación. Todo consiste en saber unir puntos y dejarse guiar por la intuición.

La actitud generativa también tiene que ver con el trato con los demás, ya sea en relaciones o actividades. ¿Sabemos sacar lo mejor de los demás? Toda experiencia con otro ser humano se fundamenta en el encuentro. No es posible «experimentar» a mis semejantes, sino «encontrarlos». Lo que seamos capaces de generar en ese encuentro es lo que prevalecerá.

Equilibrio

Cada vez son más los que van descubriendo lo que podríamos denominar «el camino de en medio». Como vimos en los mitos del esfuerzo y el logro, todas las filosofías habidas y por haber apuestan por una vida sin excesos.

La virtud se encuentra siempre, como manifestó Aristóteles, entre el exceso y la carencia.

El equilibrio no significa, empero, la justa mesura. Cualquier exigencia u obligación para encontrar un determinado equilibrio puede volverse contra el mismo. No se trata de la precisión que cabe medir en una balanza, sino del intento dinámico de mantener en equilibrio esas dos fuerzas que tientan a la virtud. En términos sociales, hablamos de sentido común.

Nobleza

El ser noble no es cuestión de títulos nobiliarios, sino del sentido del deber. Aunque es una expresión que ha quedado en desuso, quizá deba recuperarse a tenor del desajuste que hemos experimentado entre el hedonismo galopante y la frustración con la que nos ha golpeado la crisis. Hoy nos referimos al sentido del deber como «responsabilidad personal».

Además, cabe también un sentido de responsabilidad hacia los demás y hacia el entorno, nuestro hábitat, nuestra casa planetaria. Tampoco entonces nos referimos a ello como «sentido del deber», sino como «compromiso», que involucra la facultad de mantener la palabra dada, de buscar la congruencia entre nuestras palabras y nuestros actos, de mantenernos fieles a las historias compartidas. No hay libertad sin responsabilidad. No hay responsabilidad sin compromiso.

Revalorizar el esfuerzo: la perseverancia entusiasta

No fue hasta los cuarenta y tantos cuando aprendí de mi maestro una de sus mejores lecciones orientales: ¡todo con ilusión, nada por obligación! Esta breve frase encierra toda una declaración existencial. Los griegos nos impulsaron hacia la virtud a través de la lucha y la victoria, para obtener así la condición de personas honorables. Hoy preferimos hablar de personas felices y nos cuestionamos si realmente la lucha debe ser el camino. No obstante, son planteamientos distintos.

Hablar de ilusión y de felicidad parece chocar con la idea actual de revalorizar el esfuerzo. De nuevo, parece anteponerse la idea virtuosa (el esfuerzo) a la capacidad de vivir en estados placenteros y apasionantes. Dicho de otro modo, el precio de la felicidad es el esfuerzo: «¡quien algo quiere, algo le cuesta!» La frase en sí misma estipula claramente la inequívoca relación entre lo uno y lo otro. Sin embargo, el uso social tanto de esta como de otras expresiones parecidas pretende poner la atención en los costes, lo que acaba siendo relativamente poco motivador. ¿Dónde queda la ilusión? ¿Por qué ahora interesa más hablar de esfuerzo? ¿De qué esfuerzo estamos hablando cuando nos referimos a él?

Una sociedad en crisis y con sensación de andar a la deriva por fallo múltiple de todo el sistema exige un gran esfuerzo a sus ciudadanos para salvar la situación, para seguir adelante, para recuperar las condiciones de vida dañadas. En apariencia es una buena causa y seguramente obedece a la mejor de las intenciones. No obstante, cabe preguntarse si merece la pena realizar ese gran esfuerzo para volver al mismo lugar que ha suscitado la crisis. Es decir, se nos pide que nos esforcemos para mantener el mismo sistema. Entonces el esfuerzo está siendo usado como regulador social, un nuevo intento de recuperar una filosofía moral centrada en lo que es correcto, en lugar de lo que es bueno. Aún hay quien teme que, si somos demasiado felices, nos volveremos ociosos y dejaremos de cumplir con el deber de levantar la sociedad y perpetuar así lo de siempre y a los de siempre. ¿Existe otra manera de conseguir las cosas? ¿Hacia dónde hay que dirigir el esfuerzo? ¿Nos salvaremos por ilusión o por obligación?

A esta época que estamos viviendo suele atribuírsele un «cambio de conciencia» por las transformaciones que conlleva en todos los sentidos, también en la actitud vital con que afrontamos la existencia. Un sector considerable de la sociedad lleva tiempo evolucionando hacia una comprensión del ser humano que trasciende la idea de pasar por esta vida como meros *Homo habilis* o como transeúntes que deben sortear los obstáculos del destino, para encontrar algunos remansos de paz y amor en núcleos familiares y llegar al fin de sus días habiendo cumplido con todos los deberes legales y morales de los tiempos que les haya tocado en suerte.

Esta renovada «cultura del ser» permite una comprensión de la vida a partir del credo existencialista de la responsabilidad personal. La vida no consiste solo en sortear los productos culturales con los que nos encontramos, sino, ante todo, en un compromiso con uno mismo, con los demás y con el mundo en el que habitamos. El sentido de la responsabilidad, empero, no representa carga alguna, ni obligación. Es una decisión. Es una ilusión por estar vivo y tener la oportunidad de llevar una existencia con sentido. Y de hacerlo con los demás, porque celebramos el encuentro. Y de hacerlo con respeto al medio, porque es nuestro hogar.

Obsérvese entonces que hablo de responsabilidad, compromiso, creación e ilusión, comunión y celebración, respeto y sentido. En cambio, no aludo a obligación, esfuerzo, obediencia, sumisión, miedo y culpa. Cabe entender, entonces, que podemos vivir con plenitud sin empeñarnos en ello, al igual que no se empuja al río para que fluya. Lo que pretendamos en la vida ha de ser porque lo amamos, no porque nos esforcemos en ello. Uno de los grandes errores de nuestro sistema actual es que pretende meternos con calzador muchas cosas que simplemente no deseamos. También es cierto que nosotros mismos, a menudo, nos esforzamos en vano para que las cosas sean como queremos, y no como son. Todo ello conlleva sufrimiento.

Por supuesto, no se llega a la responsabilidad sin una actitud perseverante. Cuando el propósito es lo suficientemente digno y motivador, no cabe duda de que requerirá de una actitud también temida aunque reivindicable de nuevo: autodisciplina. La conducta disciplinada no es más que el camino que elegimos para alcanzar nuestro destino.

No obstante, arrastramos una mala relación con dicha palabra, asociada a rigidez, militarismo, fundamentalismo o deber y castigo. Tal vez será necesario recuperar su significado esencial, que no es otro que la tarea del discípulo en su trayectoria de aprendizaje. Si aceptamos que todos somos aprendices del misterio de vivir, es obvio que solo con disciplina adquiriremos la práctica que nos permitirá desvelar lo que esconde cada recodo de ese camino, que se hace al andar.

Hablar de esfuerzo implica referirse al compromiso que establecemos con lo que amamos. Es aceptar la responsabilidad de perseverar ante las fuerzas que se oponen a nuestros propósitos porque valoramos la dignidad y el bien que hace a nuestro espíritu. Es aceptar con ilusión el camino que debemos recorrer sabiendo que conllevará prácticas disciplinadas. Es gozar de la experiencia de fluir porque amamos lo que hacemos y hacemos lo que amamos. ¡Todo con ilusión, nada por obligación!

Muchas personas se resisten a aceptar esta idea, bajo la estricta justificación de que el mundo no funciona de esta manera; de que el contexto actual es duro, exigente y competitivo, con lo cual la pretensión de vivir con tan esmerada fluidez es cosa más de ilusos que de personas ilusionadas. Son precisamente las mismas que acaban sometidas al rigor del sistema, sin permitirse siquiera replantearse qué es lo que quieren de veras, es decir, qué «quieren» más allá de lo que desean o más allá de los criterios sociales condicionantes. No hace falta convertirse en un *outsider*. Bastará con atender a criterios de orden interno, tal como proclaman todas las investigaciones psicológicas llevadas a cabo estos últimos años:

- Mihalyi Csikszentmihalyi (fluir).
- Barry Schwartz (por qué más es menos).
- Malcom Glawell (inteligencia intuitiva).
- Martin Seligman (desarrollar emociones positivas).
- Ken Robinson (descubrir tu pasión lo cambia todo).

Todas ellas exigen algo muy concreto y abstracto a la vez: robustecer el carácter fortaleciendo las dimensiones interiores, lo que implica primero conocerlas. Fortalecer asimismo el músculo de la voluntad, encontrando equilibrio y armonía en la relación entre la mente y el cuerpo. El desarrollo de actividades de autoconocimiento pretende, entre otras cosas, desvelar y actualizar nuestros dones, habilidades o méritos, como piedra angular donde asentarnos, para entregarse a su vez al misterio trascendente de la existencia. Lo que logramos en tan bella tarea es la plena confianza en nosotros mismos, paso ineludible hacia la conquista de nuestra libertad.

Cada vez se hace más necesaria la intervención en todos los frentes de personas con sentido integral y espiritual. Personas que entiendan el sentido de interconexión en la que se manifiestan todos los fenómenos de la existencia, una visión cuántica de la vida, así como de su funcionalidad creativa y en red. Personas que dejen atrás los discursos de la felicidad vacía para abrazar una plenitud que dé sentido a la vida y que expanda la luz de una conciencia más armónica entre el ser y la naturaleza en la que habita. Esas personas y su inspiración ya existen, solo que actúan desde planos que no son el material; no caben en los sistemas actuales, pero siembran pacientemente las semillas en el único lugar donde estas pueden germinar: en su interior. Y solo desde ahí puede expandirse la nueva conciencia que ahora se precisa.

EL MITO DEL ESFUERZO Y EL LOGRO

Pocas dudas quedan ya a la hora de proclamar nuestra predeterminación simbólica: interpretar y comprender la realidad que vivimos de un modo global es un ejercicio que realizamos con la misma naturalidad con la que respiramos. Algunos de esos símbolos adquieren la categoría de mito al representar una idealización, un concepto del yo, un modelo que sirve para resolver interrogantes sobre nuestra naturaleza, sentido existencial y las luces y sombras que nos envuelven. Son como la prehistoria de nuestras historias personales. Como diría el ensayista Rob Riemen, los mitos son las huellas más antiguas de la mente humana. Llevar una existencia cargada de sentido significa vivir de forma mítica, es decir, de forma que cada ser humano decida qué huellas va a seguir.

Los mitos no son meras fábulas infantiles ni metáforas sobre la modernidad. Describen una manera de ver el mundo con la que vamos intimando hasta habitar en ella. Al final, pueden llegar a ser los comportamientos que orientan nuestra vida en un sentido determinado. Luc Ferry, el filósofo francés, afirma que la mitología nos suministra mensajes de gran profundidad, perspectivas que permiten orientarnos hacia lo que concebimos como una vida buena, sin falsas ilusiones, aceptando nuestra finitud. Una perspectiva que pretende ser una «sabiduría para los mortales» o, tal vez, como ahora suele decirse, una visión laica de la espiritualidad.

Vamos a detenernos en el mito que mejor pueda representar esa idea que permanece en nuestro imaginario sobre el logro y el esfuerzo que lo conquista. ¿De dónde procede nuestra idea de luchar contra las adversidades, externas o internas, y alcanzar nuestros propósitos? Nos ayudará a ello aprender algunas palabras de la Grecia antigua, como *areté*, *hybris* y *diké*.

A mediados del siglo pasado, el filólogo alemán Werner Jäger publicó el más detallado estudio sobre la noción de *paideia*, base de los ideales de la cultura griega. En esa civilización se preconizaba la formación del hombre mediante la creación de un tipo ideal íntimamente coherente y claramente determinado. La educación no es posible sin que se ofrezca al espíritu una imagen del hombre como tiene que ser. Lo fundamental en ella es la belleza, entendida como la imagen anhelada del ideal. Ahí es donde aparece el concepto de *areté,* cuya traducción a nuestro lenguaje equivaldría a la palabra «virtud» o a la noción de «excelencia humana». Según los griegos clásicos, no hay virtud superior a la *diké,* o sentido de la justicia, entendida como estar en conformidad con el mundo organizado, la rectitud, el reparto justo de las cosas y la armonía con el cosmos, eso es, ocupar el lugar que a cada uno le corresponde.

El autor más conocido que impulsó la *areté* fue Homero, a través de sus *best-sellers, la Ilíada* y la *Odisea.* Para Homero, la *areté* es el atributo ético propio de la aristocracia, descartando así al pueblo llano, discriminación que solo puede entenderse en un contexto en el que se pretendía encumbrar a algunos hombres a la categoría de semidioses. Ese fue el caso de Ulises, mito de la *areté* por representar la nobleza, la valentía y la habilidad. Debe quedar claro, no obstante, que la palabra «nobleza» ha de entenderse como «sentido del deber» ante el ideal.

Existe entonces el orgullo de la nobleza, acompañado del conocimiento de que esta primacía solo puede conservarse mediante las virtudes por las cuales se ha alcanzado. La lucha y la victoria son la verdadera prueba de fuego de la virtud humana. Sin embargo, no se refiere tanto al triunfo físico como al mantenimiento de la *areté* obtenida mediante el rudo dominio de la naturaleza. Aristóteles lo expuso claramente: «Es notorio que los hombres aspiran al honor para asegurar su propio valor, su areté. Aspiran así a ser honrados por las gentes juiciosas que los conocen y a causa de su propio y real valer. Así reconocen el valor mismo como lo más alto.»

Dicho llanamente: a más logros virtuosos, más elevada la idea de uno mismo y del valor de la virtud. Tanto es así que la exigencia de recompensa queda en un plano secundario y en modo alguno decisivo. Ese afán de nobleza dio en llamarse «heroísmo», aunque probablemente hoy lo denominaríamos «sana ambición», cosa que echan de menos muchos profesores y muchos empresarios del país. Una ambición que persigue la virtud de la *diké*, más que el beneficio propio.

Esta idea aristotélica enlaza con otro de nuestros mitos, en este caso de la psicología: la «ley del efecto». Edward Lee Thorndike, profesor e investigador, observó que cuando una conducta va acompañada o seguida por satisfacción, se tenderá a repetirla cuando la situación surja de nuevo, y al contrario: si va acompañada o seguida por insatisfacción se tenderá a no emitirla. Aunque las pruebas fueron realizadas con animales, es fácil deducir la similitud con nuestros comportamientos. Esta ley antecedió a los trabajos del conductista Frederic Skinner, quien inmortalizó para la psicología una de las leyes más importantes del aprendizaje humano: el refuerzo. Eso es lo que practicaban nuestros aguerridos héroes. Cada victoria anticipaba ya la siguiente. Del mismo modo, cada derrota, cada renuncia, aunque se trate por ejemplo de ir al gimnasio, refuerza el siguiente fracaso.

La ley del efecto y la *areté*, permiten contemplar lo que la psicología de la motivación llama «la orientación al logro». Algunas personas tienden a motivarse cuando se enfrentan a un reto, cuando se hallan ante la posibilidad de salir airosas y con éxito de un desafío profesional o personal. Tienen *areté*, o sentido del deber, ante el ideal, reforzado a su vez por la ley del efecto. Para estas personas los obstáculos representan una gran oportunidad. Superarlos es su mayor satisfacción. Por eso repiten. Pero, ¿por qué no ocurre eso en todos los casos?

No cabe duda de que el peor enemigo para el sentido del deber es el anhelo del placer. Ambos cohabitan en nosotros, aunque cada uno merece su espacio y tiempo. Es lo que suele expresarse como: «Cada cosa tiene su momento y hay un momento para cada cosa.» Sin embargo, todos hemos experimentado la tensión entre ambas fuerzas cuando ambas se cruzan. Muchas personas acaban ahogadas por la *hybris*. Si la *diké* es la virtud más elevada, la falta más grave que se puede cometer a los ojos de los griegos es la desmesura, el exceso, apartarse del lugar que nos corresponde para forzarlo todo a nuestro antojo. Recuerda lo que le ocurrió al rey Midas por su desmesurada ambición. A menudo confundimos la buena vida con la vida buena.

El hecho de desear no supone ningún problema. Sí pueden serlo la adicción, la desmesura, la ingobernabilidad, la esclavitud, la inmediatez, la impulsividad, la arrogancia que el deseo comporta. Si antes hablábamos de virtudes, ahora hay que plantear la otra cara de la moneda: las fuerzas oscuras. El triunfo de la virtud implica el haberse resistido a la tentación de la *hybris*. Existe entonces una fuerza que pretende apoderarse de nosotros y contra la que debemos luchar, resistirla. Ese es, exactamente, el sentido del esfuerzo. Cuando nos referimos a una renovada cultura del esfuerzo, en realidad estamos aludiendo a la capacidad para resistir esas fuerzas ocultas que saben absorber hasta la última gota de nuestra energía.

¿Cómo traducir todos estos referentes míticos a la realidad que pretende describir este libro? ¿Cómo entender en nuestro contexto esas representaciones de la Grecia antigua? ¿Qué tienen que ver esos símbolos con una cultura del esfuerzo? Veámoslo:

El concepto de *paideia* es primordial para entender que no existe otra clave para la integración de un valor. Los valores son aprendidos y aprehendidos cuando los desvelamos en los demás, cuando somos tratados según esos valores: uno aprende del amor cuando es amado; puede ser generoso cuando ha sido tratado con generosidad. Así, los valores se transmiten por inspiración, no por obligación. De esta forma, un valor se convierte en un principio que guía el comportamiento de una persona, quien no solo lo reconoce como tal, sino que lo representa por haberlo integrado en su vida.

La educación, entonces, cumple con el cometido de inspirar a las personas hacia un ideal, que va más allá de meros objetivos. Ese ideal es la excelencia humana, la virtud, la nobleza de espíritu que cada generación y cada cultura interpreta según el nivel de conciencia colectiva alcanzado. Hoy, en un mundo globalizado, no hablamos tanto de virtudes como de valores, aunque llevamos un tiempo entronizando a la felicidad como arquetipo del bienestar personal. En otro apartado ahondaré sobre este tema.

Queda claro, pues, que la conciencia es la meta y la educación el medio. El mayor grado de excelencia humana no es otro que el mayor nivel de conciencia que podamos adquirir. Se trata de un objetivo que dura toda la vida y que se va alcanzando con *areté*, es decir, con sentido del deber hacia uno mismo, hacia los demás y hacia el mundo en que habita el individuo.

Sin embargo, en la actualidad, la expresión «sentido del deber» parece desfasada, resuena a tiempos de dictadura, a obligación o sumisión. Es cierto que todo lo que implica «deber» ha quedado desusado y sustituido por «esfuerzo», que a su vez también se ha visto relegado al poder confundirse con un sentido de sobreesfuerzo, cosa aparentemente imperdonable en la cultura que ha exaltado el fluir como el estado perfecto de una vida armónica.

El esfuerzo no es otra cosa que un nivel de resistencia sostenida, para contrarrestar una fuerza o fuerzas opositoras, a fin de lograr un propósito. Tenemos entonces un objetivo concreto cuyo logro nos reportará algún beneficio, o al menos según la ley del efecto sabemos que proporcionará satisfacción. Tenemos a su vez unas fuerzas contrarias a las que debemos resistir, ya que actúan como alternativas supuestamente más placenteras o de distracción (por eso son contrarias a nuestros propósitos).

También podríamos añadir como fuerzas opositoras nuestros estados internos, fruto de nuestras creencias y condicionamientos, como por ejemplo la pereza, la intolerancia ante el deber o el miedo. Y ahora recuerda que la lucha y la victoria son la verdadera prueba de fuego de la virtud humana. Esforzarse, en definitiva, es la lucha resistente entre fuerzas opositoras, externas (estímulos placenteros, distracciones) e internas (estados de frustración, pereza o condicionamientos mentales).

¿Dónde queda la virtud? Justamente en el camino de en medio, es decir, en la capacidad de mantenernos firmes y orientados hacia el ideal propuesto, sin caer derrotados por las fuerzas que pugnan por inclinar la balanza. Cuando hablamos de esfuerzo nos referimos principalmente a la voluntad sostenible, al firme propósito de alcanzar nuestros objetivos o ideales, a pesar de saber que existen alternativas más placenteras (*hybris*), o estados de impotencia o frustración que hay que aprender a tolerar. Cuanto más se logra, más se sostiene esa voluntad, porque nos sabemos capaces, porque valoramos tener dicha capacidad y porque suele ser admirada y, por tanto, reforzada externamente, tal como intuyó Aristóteles. Hoy en día el esfuerzo se asocia con la perseverancia, palabra que viene del griego *proskartere*, que literalmente significa ser intensivamente fuerte, soportar, mantenerse íntegro bajo cualquier circunstancia de sufrimiento.

Añadamos a todo ello que la voluntad y el esfuerzo no se dirijan solo hacia objetivos concretos, sino que se inclinen hacia un ideal de excelencia humana (*areté*). Para ello vamos a necesitar modelos inspiradores, virtudes o valores y principios que guíen nuestra conducta. Si mirando hacia el exterior no sientes que existen personas a quien tomar como modelo, entonces recuerda que los mitos están ahí, intimando con nosotros, para que sigamos sus pasos y orientarnos así en el camino hacia el Olimpo. Y también nos queda nuestra propia capacidad de tomarnos a nosotros mismos como modelo. De descubrir dónde se encuentran nuestros límites y qué lugar queremos ocupar en el orden natural de la existencia.

Resumen del capítulo

- Probablemente, nuestros mayores sobreesfuerzos psicológicos se destinan en primer lugar a evitar el sufrimiento y, en segunda instancia, a lograr el goce y el gozo.
- Un camino construido pensando en la evitación es agotador. Extenuante. Pero tendemos a repetir los mismos mecanismos de prevención, los convertimos en hábitos mentales. Algunos de los más destacados son:

  - Esconderse tras una máscara
  - La vergüenza
  - Resistirse a la vulnerabilidad
  - Amar = Hacerse cargo
  - Amar a quien no nos ama
  - Ser buenos = Ser obedientes
  - La indefinición

- Todo lo que se centra en la personalidad será un hueso duro de roer, porque se trata de una generalización a partir de la memoria que tenemos de nosotros mismos. En cambio, centrados en la actitud, podemos confiar en cambios de conducta.
- «Locus de control»: Se refiere básicamente al lugar donde situamos el centro de la situación que queremos desarrollar (externo-interno). Cuando nos dirigimos a metas, tener en cuenta los diferentes centros:

- Un centro de preocupación
- Un centro de influencia
- Un centro de atención

Si desperdiciamos tiempo y esfuerzos en cualquier otro círculo que no sea el centro de atención, la efectividad se reduce.

- Las mejores actitudes que desarrollar:

  - Actitud positiva
  - Entusiasmo
  - Confianza
  - Coraje
  - Actitud generativa
  - Equilibrio
  - Nobleza

- Hoy en día el esfuerzo se asocia con la perseverancia, palabra que viene del griego *proskartere*, que literalmente significa ser intensivamente fuerte, soportar, conservar la integridad en cualquier circunstancia de sufrimiento.
- El sentido de la responsabilidad no representa carga alguna, ni obligación. Es una decisión. Es una ilusión por estar vivo y tener la oportunidad de crear una vida con sentido. Y de hacerlo con los demás, porque celebramos el encuentro. Y de hacerlo respetando el medio, porque es nuestro hogar.
- La conducta disciplinada no es más que el camino que elegimos para alcanzar nuestro destino.
- Hablar de esfuerzo significa hablar del compromiso que establecemos con lo que amamos. Es aceptar la responsabilidad de perseverar ante las fuerzas opositoras porque valoramos la dignidad y el bien que hace a nuestro espíritu. Es aceptar con ilusión el camino que debemos recorrer sabiendo que conllevará prácticas disciplinadas. Es gozar de la experiencia de fluir porque amamos lo que hacemos y hacemos lo que amamos. ¡Todo con ilusión, nada por obligación!
- La educación, a partir de la *paideia* griega, no es posible si no se ofrece al espíritu una imagen del hombre como tiene

que ser. Lo fundamental en ella es la belleza, entendida como la imagen anhelada del ideal. Ahí es donde aparece el concepto *areté*, cuya traducción a nuestro lenguaje equivaldría a la palabra «virtud».

* A más logros virtuosos, más elevada la idea de uno mismo y del valor de la virtud.
* Una de las leyes más importantes del aprendizaje humano es el refuerzo. Cada victoria anticipa ya la siguiente. Del mismo modo, cada derrota, cada renuncia, aunque se trate de intentar ir al gimnasio, refuerza el siguiente fracaso.
* La conciencia es la meta, y la educación, el medio.
* El esfuerzo no es más que el nivel de resistencia sostenida, para contrarrestar a una fuerza o fuerzas opositoras, a fin de lograr un propósito.
* Esforzarse, en definitiva, es la lucha resistente entre fuerzas opositoras, externas (estímulos placenteros, distracciones) e internas (estados de frustración, pereza o condicionamientos mentales).

TERCERA REFLEXIÓN:
La autodisciplina es la madre
de todos los éxitos

GOBERNARSE A UNO MISMO

Cuenta la historia que cuando Alicia, en el País de las Maravillas, pregunta por la salida de la ciudad, el Conejo le replica:

—¿Adónde vas?

—No lo sé —contesta ella.

—Entonces, cualquier camino es bueno.

Cuando no hay brújula interior, cualquier cosa puede arrastrarnos, tanto a la fortuna como a la desdicha. Dice la voz popular: «Para quien navega sin rumbo, ningún viento le es favorable.» Entendemos que, además de voluntad, las personas tenemos responsabilidad en la gestión de nuestra vida, sobre todo, en la capacidad de gobernarnos a nosotros mismos. Una de las tareas más costosas, sin duda, es aprender a sujetar las riendas de esos caballos desbocados que llamamos impulsos y emociones. A veces, parece que sean ellos los que tiran de nosotros, los que se apoderan de nuestra voluntad e irrefrenablemente nos arrastran hacia un destino incierto.

¿Qué le pasó al señor que le lanzó un zapato al presidente Bush? ¿Cómo se le ocurrió a Mike Tyson morder la oreja de su oponente en el combate por el título de los pesos pesados? ¿Por qué Straus Kann, ex presidente del FMI, no supo contener sus impulsos ante ciertas mujeres? ¿Y por qué la vecina del cuarto sigue chillando a sus hijos, aunque sean las dos de la madrugada? ¿Por qué pierde los nervios el jefe cuando nos relajamos un poco? ¿Cómo es posible que siga fumando a pesar de las serias advertencias del médico? ¿Qué me ocurre, que no consigo disciplinarme en nada? ¿Qué me impide cambiar de hábitos pese a saber que estoy arruinando mi vida y la de mi familia? Por ahí se cuela la relación entre la voluntad y el autocontrol, referido fundamentalmente a:

- La dificultad de gobernar adecuadamente sentimientos impulsivos y emociones conflictivas.
- La pérdida de equilibrio ante situaciones críticas o de conflicto en las relaciones interpersonales.
- El secuestro emocional producto de tensiones o de situaciones estresantes.

El proceso de maduración personal consiste, entre otras cosas, en encontrar un sereno equilibrio entre la impulsividad y su control. Hasta ahí estaríamos todos de acuerdo. Pero las cosas ya no están tan claras al referirnos a la espontaneidad. Existe una corriente de simpatía hacia lo espontáneo por lo que revela de auténtico, aunque no se tiene en cuenta su parte reactiva. También somos espontáneos cuando nos sale «el primitivo», como diría mi amada Mercè Conangla; cuando no medimos el impacto de nuestras reacciones; cuando actuamos sin atender al contexto; cuando se pierde la conciencia del origen de nuestras respuestas. Así, la espontaneidad puede tener dos caras:

Así son los niños pequeños cuando no han aprendido a regular sus impulsos, cuando son espontáneos al cien por cien. Tanto nos pueden regalar una acción llena de ternura como convertirse en auténticos diablos en medio de una pataleta. Algunas personas, de mayores, siguen funcionando así, de forma reactiva. No han aprendido a decidir, a responder en lugar de reaccionar.

También hay quien aprende a regular esa reactividad pasándose al otro extremo, es decir, ejerciendo un control represor sobre sí mismos. Tampoco se trata de eso. La capacidad de ejercer autocontrol no es más que la capacidad de elegir, de discriminar nuestras respuestas ante las demandas del medio y la emergencia de nuestras emociones.

En la década de 1960 Walter Mischell llevó a cabo una investigación con niños en edad preescolar (4 años) conocida como el Test de los Marshmallows, o también de los malvaviscos, una golosina muy apreciada por los niños estadounidenses que aquí suele conocerse como «nubes». En la propia Universidad de Standford se convocó a hijos de profesores, empleados y licenciados para presentarles un interesante desafío. Una persona les traía la golosina con este mensaje: «Si quieres, puedes comértela ahora. Pero si esperas a que vuelva, dentro de un rato, te daré dos.» Menuda lucha la de esas criaturas, cuyo impulso era zamparse la golosina con avidez. A efectos de la investigación, se trataba de determinar las claves entre el deseo y el autocontrol, entre la gratificación y su demora.

Las imágenes son graciosas, sin duda. Es increíble observar las estrategias que desarrollaron los niños para no caer en la tentación: fingir que las van a morder, tocarlas mucho con las manos, apartarlas de su vista, hablarles, cantar. Otros en cambio, no resistieron a la tentación y dieron cuenta del *marshmallow* de golpe, sin contemplaciones, o también trocito a trocito.

Lo interesante de esta prueba es su carácter longitudinal. Al cabo de unos años, cuando esos mismos niños se habían convertido en adolescentes, la investigación rastreó qué había sido de sus vidas. La diferencia emocional y social existente entre quienes se apresuraron a coger las golosinas y los que demoraron la gratificación fue contundente. Dicho llanamente: los primeros llevaban una vida peor que quienes habían logrado controlar sus impulsos. Los que desarrollaron más resistencia, mostraron mayor eficacia personal, más capacidad de emprender proyectos y para tolerar las frustraciones.

El tercio aproximado de preescolares que se zampó su golosina desarrolló más dificultades y temor a los contactos sociales, indecisión, testarudez, tendencia a una baja autoestima, retracción, envidia, desconfianza y peleas por nada, así como intolerancia a la frustración. Desde esa investigación, se adoptó un criterio psicológico que sigue muy vigente: la capacidad de demorar los impulsos constituye una facultad básica para organizar las actividades de nuestra vida, desde seguir una dieta hasta lograr objetivos a largo plazo y que exigen esfuerzo. Además, la renuncia a la inmediatez de los deseos permite encontrar múltiples matices a nuestras experiencias y permite una relación más abierta y fluida con los demás. Más adelante hablaremos de la relación entre el deseo y la voluntad.

Walter Mischel, autor del test, concluyó que la demora de la gratificación autoimpuesta dirigida a metas puede constituir la esencia de la autorregulación emocional. Este es un punto fundamental para el presente libro. Cuando preguntas a la gente por qué le cuesta tanto sostener un esfuerzo, una parte apela a la baja tolerancia a la frustración. Se han acostumbrado a seguir sus procedimientos, deseos e intereses al igual que los niños se zampaban la golosina sin esperar a gratificaciones futuras. Lo quiero ahora, lo quiero así, lo quiero porque lo quiero. Otro grupo apela a lo que denominaremos «falta de carácter». Con ello vienen a decir que no pueden manejar sus propios estados internos (la pereza, por ejemplo) ni tampoco los estímulos externos y las expectativas de los demás (obedecer, dejarse llevar...). Tanto los unos como los otros carecen de «autodisciplina».

APRENDER A PRACTICAR DELIBERADAMENTE

Algunas de las expresiones que con más frecuencia oigo decir son: «Es que me sale de dentro», «Es que yo soy así», «No puedo cambiar mis sentimientos», «Es como algo que me viene y no puedo parar». Solemos hablar de nosotros mismos como si en nuestro interior existieran duendes que tienen vida independiente y nos fuerzan a pensar, sentir y actuar involuntariamente. De pronto nos sentimos alterados por un pensamiento intrusivo o por una emoción inesperada. ¿De dónde ha salido eso? ¿Y ahora por qué me siento así?

Esa invasión espontánea suelen ser memorias emocionales lo bastante competentes como para haberse convertido en todo un programa (creencia, emoción y acción). La buena noticia es que ya no somos esos primitivos que andaban dando rienda suelta a sus impulsos, sino seres suficientemente responsables como para decidir actuar deliberadamente. Pero, por supuesto, para ello primero hay que deliberar, escuchar a nuestro organismo, a nuestras emociones y también a nuestra capacidad de ser consciente de todo ello y reflexionar. Es necesario un entrenamiento de la mente para que aprenda a abrir una brecha cada vez más grande entre lo sentido y lo deliberado, actividad que se ve muy beneficiada por la meditación. Al hacerlo así estamos ejercitando nuestra autodisciplina. En cambio, si no la ponemos en práctica, poco vamos a lograr en esta vida.

Las investigaciones que se hicieron en el terreno de la motivación al logro, fundamentalmente encabezadas por el modelo de Atkinson (1953) y David McClelland (1962), demostraron que las ganas que tenemos de continuar una tarea, y su perseverancia de cara al futuro, dependen directamente de las sensaciones o expectativas de éxito o de fracaso que se tengan. A mayor placer haciendo la actividad, más ganas de continuarla y mejorarla. Ante el fracaso, en cambio, las aspiraciones empiezan a disminuir.

Se ha comprobado, asimismo, que las personas con una sensación de competencia más baja digieren peor los fracasos, caen más rápidamente en un sentimiento de desesperanza y ponen más en riesgo su autoestima. Este es el motivo de que con frecuencia se den casos de personas, estudiantes o trabajadoras, que no salen adelante porque les falta autoestima. Lo que en realidad les ocurre es que se han instalado en una cascada continua de malos resultados que interactúan con tres rasgos del carácter que favorecen la desmotivación: la ansiedad, el autodesprecio y la intolerancia a la frustración. Eso les crea la sensación que carecen de competencia suficiente. Probablemente no sea cierto, pero ellos están convencidos de que no hay remedio.

Por suerte, adquiriendo más y mejores recursos se puede salir de una situación así, aunque hará falta saltarse de una vez la memoria emocional que predice el fracaso ante cualquier intento. Eso tiene mucho que ver con el manejo de nuestras creencias, puesto que las personas tendemos a mantener nuestro autoconcepto preexistente y anulamos o distorsionamos cualquier dato, información o percepción que discrepe de él.

Martin Seligman afirma que la autodisciplina es el rasgo que engendra la práctica deliberada. Una vez que hemos detectado las actividades que percibimos como positivas y con probabilidad de éxito, no será suficiente con pasar buenos ratos con ellas. El desarrollo de un talento no va a depender solo de poseerlo. Malcolm Gladwell, periodista científico, nos sorprendió al calcular en 10.000 las horas necesarias para conseguir el dominio completo de cualquier disciplina. ¿Qué determina la cantidad de tiempo y de práctica intencionada que estamos dispuestos a dedicar a nuestros logros? Sin duda, la autodisciplina.

Roy F. Baumeister, cuyos avances en el tema de la voluntad he mencionado anteriormente, considera que la autodisciplina es la reina de todas las virtudes, la fortaleza que da pie al resto de fortalezas. Cuando decidimos deliberadamente combinar una persistencia muy elevada con una también elevada pasión por un objetivo estamos trazando el camino hacia el éxito. Lo mismo postula otra eminencia en el campo de la motivación, el sueco Anders Ericsson, de la Universidad Estatal de Florida: para él, la cantidad de tiempo y energía que uno dedica practicando de forma deliberada es la piedra angular de las destrezas máximas. Todo ello forma parte del acervo popular, como puedes observar en el apartado dedicado al mito del esfuerzo y el logro.

A todo ello, cabe añadir otros beneficios como por ejemplo el tan renombrado «fluir», esa experiencia en la que perdemos la noción del tiempo y de nosotros mismos porque estamos plenamente concentrados en la tarea. Las personas fluyen cuando utilizan sus principales fortalezas para enfrentarse a los mayores retos que se interponen en su camino. Podemos fluir sin sensación de esfuerzo siempre que antes hayamos creado unas buenas condiciones de autodisciplina. Es eso que tantas veces hemos oído de «que la inspiración me pille trabajando».

Cualquier esfuerzo que tengamos que hacer será muy diferente si previamente hemos entrenado nuestra autodisciplina. Probablemente al leer este pasaje, algunos pensarán que eso es precisamente lo que les falta. Achacarán así la culpa de sus relativos logros a no haber desarrollado dicha habilidad. Lo cierto, sin embargo, es que podemos entrenarnos en este sentido. No importa el momento ni la edad. Hagámonos responsables de crecer en autodisciplina, el mejor ejemplo sin duda para los hijos. A ellos hay que entrenarlos desde pequeños, pero nuestro modelo es esencial.

Una forma de entender el autocontrol consiste en la gestión de las explosiones emocionales. ¿Podemos relacionarnos, por ejemplo, con una persona enfadada sin enojarnos? Otra faceta defería la capacidad de gestionar nuestro tiempo. Ante la avalancha de actos inmediatos que debemos atender cotidianamente, ¿cómo distinguimos lo importante de lo urgente? ¿Cómo vamos a mantenernos disciplinados ante los compromisos que adquirimos?

El propósito de gobernarse a uno mismo parte de la asunción de la propia responsabilidad en nuestras decisiones. A la pregunta «¿Aceptas que estás viviendo la vida que has escogido?», muchas personas responden que no. Se sienten víctimas de sucesos que han acaecido en sus vidas, algunos traumáticos, o creen que muchas decisiones han sido tomadas sin contar con ellas. Ciertamente, los hechos ocurridos no pueden ser cambiados. Sin embargo, tenemos el poder de decidir cómo queremos vivir lo vivido. Podemos elaborar las creencias, sentimientos y actitudes acerca de lo que nos sucede. Nuestra vivencia interior es de nuestra entera responsabilidad. Por lo tanto, podemos fijar los tres estadios que pueden estar bajo nuestro control:

- Salud, vitalidad (energía)
- Paz mental (inteligencia)
- Armonía interior (amor)

Cuando Antonio Blay hablaba incansablemente sobre la necesaria actualización de nuestras vidas, proponía estos tres indicadores que voy citando a lo largo del libro. En realidad, esas tres instancias constituyen nuestra identidad en lo básico. Observemos ahora, brevemente, las dificultades que suelen alzarse en nuestro camino con el propósito de tenerlas bajo control cuando estalla en nuestro interior la tormenta emocional.

Un estado emocional tiene dos componentes básicos: una expresión física (estado corporal) y una sensación consciente (sentimiento). La emoción es breve e intensa. El sentimiento es más un mar de fondo de larga duración. António Damásio diría que las emociones pertenecen al cuerpo y los sentimientos a la mente. De una emoción suele nacer un sentimiento, pero difícilmente a la inversa. En el lenguaje cotidiano solemos usar los dos términos para referirnos a lo que sentimos, pero en realidad no son la misma cosa.

Llegas a casa, con agotamiento; has tenido un día de perros y la perspectiva del siguiente es aún peor. Te has pasado el camino urdiendo mil maneras de responder a la situación, mil maneras de encararte con quienes, desde tu punto de vista, te atormentan. También has pensado mil maneras de escapar, de mandarlo todo al infierno y desaparecer en una isla desierta o en un paraíso de múltiples ociosidades. Llevas un buen rato resoplando y solo esperas que, al menos, el hogar sea tan dulce como proclaman los aforismos. Sin embargo, en cuanto abres la puerta te reciben gritos y llantos de los hijos y, en lugar de un beso de tu pareja, una bronca por llegar tarde. Se te urge a recomponer el caos familiar y tú, con la glucosa por los suelos porque no has cenado, te enfrentas al enfado y la tiranía de los demás. ¿Huir o estallar?

Aunque la situación pinte mal, todo va a depender de cómo hayas ejercitado el músculo de tu fuerza de voluntad. En este caso, si no ha habido entrenamiento en la tolerancia a la ansiedad, a las frustraciones y a demorar la gratificación, poco podrá hacerse. ¿Cuánto tiempo tardarás en controlar la situación? ¿Cómo desalojar lo antes posible el mundo virtual que habías creado, mientras volvías a casa, por el mundo real? ¿Cómo enfrentarse al estrés? ¿Cómo abandonar ese «yo» para estar con los otros, y sin perder la calma?

Las personas proclives a las pautas reactivas centran su actividad en el problema más que en la solución, sufriendo prácticamente un secuestro amigdalar, es decir, son presa de sus emociones y se limitan a reaccionar. Necesitan estallar para quitárselas de encima. Otras, en cambio, no se muestran tan alteradas pero viven en colapso interno, lo que se traduce en reacciones psicosomáticas como jaquecas, irritabilidad, impaciencia, o bien les da por beber, abusar del tabaco o sufrir insomnio. Tenemos, entonces, dos tipos de respuesta: hacia fuera (estallidos) o hacia dentro (colapso mental y necesidad de huida). Siguiendo el excelente modelo de Sapolsky sobre la conducta ante el estrés: el cuerpo se prepara para la lucha o para la huida, lo que en términos emocionales podemos traducir como ira y miedo. Cuando la ira empieza a manifestarse, el torrente sanguíneo irriga especialmente las manos, predisponiéndolas a golpear. En el caso del miedo, la sangre se concentra en los músculos largos de las piernas, predisponiéndolas a la huida.

Estos recursos que nos ha proporcionado la naturaleza son excelentes en caso de supervivencia, pero se convierten en un inconveniente cuando se trata de nuestras relaciones personales. Lo más probable es que obtengamos un aprobado justito, si es que somos capaces de contenernos. La contención es una magnífica estrategia que nos permite descansar entre límites. No obstante, la represión de la emoción puede acabar desbordando la presa. Las emociones necesitan ser expresadas, solo que para ello hay que canalizarlas adecuadamente. En eso consiste el autocontrol: en canalizar las emociones, aprovechando su energía para fines diferentes a los que las hicieron aflorar.

Si la persona que ha llegado a casa y se encuentra con el caos reacciona airadamente, la magnitud de la tragedia será aún peor. Si, por el contrario, en lugar de activar las reacciones contra su pareja y los niños, se entrega a la resolución del problema, se pone manos a la obra y desactiva el caos, logrará que la emoción inicial se transforme. En el caso que esta aún permanezca, será consecuencia del estado refractario (curva entre la aparición de la emoción y su total extinción), en el que la reacción es más controlable.

Dicho de otro modo: después de canalizar las emociones es posible hablar sobre ellas; ello permite elaborar con un tono diferente la relación con los demás. La literatura sobre las emociones reabunda en ejemplos de personas que se han mantenido tranquilas, o al menos poco alteradas, ante el enfado o la irritación de los demás. El resultado siempre ha sido el mismo: los airados acaban bajando el tono y al final incluso reconocen que tal vez estén equivocados, al menos en las formas.

Gran parte de nuestras dificultades de autocontrol se deben a la ignorancia, a una escasa comprensión del mundo emocional. En primer lugar, porque no tenemos control sobre la aparición de la emoción: es imprevisible, aunque algunos síntomas pueden advertirnos de su inminencia, si permanecemos atentos a ellos. En segundo lugar, porque existe una demora entre la chispa (el impulso que moviliza la emoción) y la llama (la conducta emocional real). Y por último, porque cada persona expresa las emociones a su manera, lo que comunicativamente hablando representa un inconveniente.

Cuando Daniel Goleman intentó exponer de forma más práctica su célebre inteligencia emocional, propuso unos puntos que tener en cuenta ante lo que denominó «conciencia emocional», o lo que es lo mismo, la capacidad de reconocer nuestras emociones y sus efectos. Las personas dotadas de esta competencia:

- Saben qué emociones están sintiendo y por qué.
- Comprenden los vínculos existentes entre sus sentimientos, sus pensamientos, sus palabras y sus acciones.
- Conocen el modo en que sus sentimientos influyen sobre su rendimiento.
- Tienen un conocimiento básico de sus valores y de sus objetivos.

Merece la pena, en este sentido, observar una dinámica bastante general sobre nuestro comportamiento emocional. A menudo experimentamos malestar ante una situación que suele irritarnos o que tememos. Un caso muy común es el de las madres o los padres cuando intentan que sus hijos les obedezcan. Al ver que no lo consiguen, cosa que sucede muchas veces a lo largo del día, se enfadan con ellos y a continuación se sienten mal por haberles reñido. No se sienten a gusto con esa conducta, pero tampoco saben cómo evitarla. El caso es que, una vez más, no han podido autocontrolarse.

Entonces se pone en marcha un juego psicológico muy curioso. De aquellos primeros síntomas de contrariedad ante la conducta de los hijos, la mente evalúa, enjuicia, valora esa sensación y decide que es inoportuna, inadecuada o simplemente que ya está bien de repetir una vez más esa respuesta conflictiva. El resultado de tal evaluación suele acarrear una nueva emoción, esta vez de rabia, enfado, vergüenza o desesperación. O sea, en lugar de autocontrol se produce un fenómeno de autoinculpación.

La secuencia aún tiene un tercer paso. Consiste en una letanía de descalificaciones personales («Soy idiota», «Siempre lo mismo», «Estoy harto», «No cambiaré nunca», «Por qué no puedo ser de otra manera», «Soy un desastre»...) Lo repetimos una y mil veces. Y sin embargo no sirve de nada, no aprendemos una conducta alternativa, como si estuviéramos condenados a sufrir por sufrir.

Paul Ekman, uno de los autores de referencia en el campo de las emociones, ofrece su versión de este dilema. Según Ekman, las emociones alteran nuestra forma de ver el mundo y nuestra interpretación de las acciones de los demás. Juzgamos lo que ocurre de forma que resulte coherente con la emoción que sentimos con el propósito de justificarla y mantenerla. En numerosas ocasiones eso va a ayudarnos a centrar la atención y a guiar nuestras decisiones sobre cómo dar respuesta a los problemas inmediatos y cómo comprender lo que está en juego. Pero también puede causarnos problemas, porque cuando estamos en manos de una emoción descartamos o ignoramos conocimientos que poseemos que podrían poner en tela de juicio la emoción que estamos sintiendo, de la misma manera que descartamos o ignoramos aquellas informaciones nuevas que proceden del entorno y no se adecuan a nuestra emoción.

Gracias a la PNL (Programación Neurolingüística) hoy disponemos de una técnica eficaz que denominamos «intención positiva». El punto de partida es que las conductas de las personas parten de una intención positiva para sí mismas. Dicho de otro modo, nunca actuamos contra nosotros mismos de forma intencionada. En cambio, los resultados o efectos de nuestra conducta en los demás ya son otra cosa. Lo que nos interesa es analizar la cadena de intenciones que van desde la conducta conflictiva, la que nos aturde en un momento determinado y que repetimos incesantemente, hasta la intención positiva originaria. Veámoslo con el ejemplo que propuse sobre el enfado de los padres ante la desobediencia de los hijos. (Resumen de una sesión real):

—Yolanda, ¿cuál es la conducta conflictiva?

—A veces mi hijo de ocho años hace justo lo contrario de lo que le ordeno. Entonces pierdo los nervios y al final acabo gritándole. No me gusta perder la paciencia y sé que así no soluciono nada, pero en esos momentos no puedo hacer otra cosa. Luego me siento mal, incluso me siento culpable.

—Bien, Yolanda. Ahora cierra los ojos y recupera en tu mente la visión de la misma escena. Date cuenta de lo que sientes y dónde lo sientes. —Se pone la mano sobre el estómago—. Muy bien. Ahora vamos a iniciar una cadena de intenciones. Cada vez que observemos una de ellas, darás un paso atrás, como si describiéramos una línea que te lleva de la situación conflictiva a la intención positiva.

—De acuerdo.

—Dime, realizando la conducta de gritarle a tu hijo, ¿qué quieres conseguir o qué quieres evitar para ti?

—Desde luego, conseguir no consigo nada, solo estar peor.

—Lo entiendo. Sin embargo, ahora quiero que centres la atención en tu intención y no en los efectos de tu conducta. ¿De acuerdo?

—Sí.

—Volvamos a la pregunta. Retrocede un paso y piensa: ¿qué quieres conseguir para ti? ¿O qué quieres evitar de ti?

—Quiero conseguir que me obedezca.

—¡Estupendo, Yolanda! Un paso atrás. Y logrando que tu hijo haga lo que le ordenas, ¿qué pretendes conseguir o evitar para ti?

—Quiero evitar que tengamos problemas y todo se entretenga demasiado.

—Muy bien. Retrocede otro paso. Y evitando tener problemas y que todo se entretenga demasiado, ¿qué consigues para ti?

—Estar más tranquila, sin duda.

—Perfecto. Un paso atrás. Y logrando estar más tranquila, ¿qué consigues o evitas para ti?

—Consigo sentirme bien.

—Perfecto, Yolanda. ¿Te parece una intención positiva para ti el querer sentirte bien?

—¡Sí, por supuesto!

—¿Y sentirte bien con tu hijo? ¿Es eso lo que quieres?

—Realmente esa es mi intención.

—Observa entonces la primera conducta con la que empezamos. ¿Gritándole a tu hijo logras sentirte bien?

—No, ni mucho menos.

—¿Cuál es tu intención positiva?

—Estar bien con mi hijo. Ya me doy cuenta. Estoy haciendo todo lo contrario de lo que quiero.

—¡Exacto! Cuando gritas a tu hijo estás desconectada de tu intención. Te has separado de ella, no estás alineada con tu intención. Puede que en eso tenga mucho que ver el secuestro emocional, lo que llamas «perder los nervios». Observa. Ahora vamos a volver a pasar por la cadena de intenciones, pero esta vez aplicarás en cada paso tu sentimiento de sentirte bien. Para ello será necesario que cierres los ojos y conectes, por un instante, con una experiencia de tu vida en la que te hayas sentido realmente bien. Ya veo por tu expresión y tu sonrisa que la has encontrado.

—Sí, la tengo.

—Bien. ¿Dónde sientes ese bienestar? —Se coloca la mano en el corazón—. Ahora me gustaría que repasaras cada una de las intenciones y las observaras con ese sentimiento que te acompaña.

Yolanda da un paso hacia delante cada vez que revisa la cadena. Al final, llega de nuevo a la situación conflictiva.

—Bueno, Yolanda. Ahora aplica a la situación conflictiva las ganas de sentirte bien con tu hijo.

Yolanda se echa a reír.

—Me río porque ahora ya no me parece tan conflictivo. Me siento más ligera y no le doy tanta importancia.

—¡Genial! Ahora, si te encontraras en esa situación, ¿se te ocurren otras conductas que podrías realizar, sintiéndote bien, que no sea gritar?

—Por supuesto: reírme de la situación, darle un abrazo, contarle una historia... Se pueden hacer muchas cosas que no sea gritar.

—¡Exacto! Todo lo puedes hacer mientras estés conectada con tu intención. En cambio, cuando te desconectas de lo que realmente quieres, entonces todo se hace más complicado, menos fluido. ¡Gracias Yolanda!

A diferencia de los animales que, una vez pasado el peligro, recuperan su estado normal, nosotros los humanos mantenemos el clímax emocional durante un tiempo. Cuando nos enfadamos, ¿cuándo hay que dejar de estarlo? ¿Hasta cuándo hay que mantener un berrinche? ¿Por qué no nos calmamos enseguida cuando nos piden perdón? Ese periodo refractario nos enloquece porque, mientras esté ahí, nos sentimos apegados a su influjo. Probablemente sea mejor pedir cortésmente que nos dejen un ratito en paz. Aprovechémoslo para descubrir nuestra intención positiva y conectar de nuevo con ella.

CÓMO ENTRENAR EL MÚSCULO DE LA VOLUNTAD

En mayo de 2010 me invitaron a participar como moderador en un diálogo sobre la conciencia titulado «La voluntad sostenible». Ahí estábamos, ante más de mil personas, el colombiano Sesha y mi querido Àlex Rovira. El hecho de poder compartir con tantas personas la idea de que al final todo acaba dependiendo de nuestra voluntad, inteligentemente motivada, fue sumamente enriquecedor. No obstante, no dejé de mostrar a los organizadores mi sorpresa ante un título en apariencia tan poco motivador. Luego lo entendí: la clave no es la voluntad en sí misma, sino su sostenibilidad. Es lo que a lo largo de este libro me refiero como «perseverancia», a la que añado la etiqueta de entusiasta. Ciertamente, la idea de muscular la fuerza de la voluntad sigue el mismo camino. Podemos y debemos entrenar ese músculo, tanto física como anímicamente.

También soy consciente de las dificultades, enredos y engaños que dificultan el ejercicio de musculación. Por eso voy a proponer algunas estrategias que, por mi propia experiencia, han sido de enorme utilidad. La aparición del fenómeno *coaching* ha posibilitado la irrupción de diversas metodologías y técnicas precisas que están al alcance de los que quieran desarrollar activamente su vida. Es decir, no hay excusas porque disponemos de todos los recursos a nuestro alcance. Solo hay que salir a su encuentro con la inestimable ayuda de tantos espejos como personas hay en el mundo. Por supuesto, un buen modelo inspirador es impagable.

En términos de proceso, tal como intuyó José Antonio Marina, se puede visualizar el camino que recorrer de la siguiente manera:

- Inhibir el impulso (inmediatez del deseo y su frustración: pereza, miedo, por ejemplo).
- Deliberar (observar el bien mayor que puede reportar).
- Decidir pasar a la acción y mantener el esfuerzo (perseverancia).

A todo ello, vamos a añadir como eje transversal la salud física, es decir, el estado de la relación entre la mente y el cuerpo, lo que supone una atención especial a los siguientes aspectos:

- La dieta
- El sueño
- Los estados energéticos y de tensión
- Espacios de liberación mental

Desplegar todo este conjunto de acciones tiene sentido cuando se orienta hacia ese bien mayor, hacia unos valores que no solo nos aportan satisfacción sino que son un bien, asimismo, para los demás y para el mundo. Cuando uno se plantea dejar de fumar, no lo hace solo por prescripción médica o por la presión social. Si es así tendrá demasiadas objeciones y resistencias. En cambio, si se encamina a mejorar su salud, la conducta tiene un alcance y beneficio mayor. Este planteamiento nos permite diseñar un doble objetivo:

- ¿Qué es lo que quiero en concreto? (objetivo).
- ¿Para qué lo quiero? (metaobjetivo).

Suele ocurrir que resulta más fácil determinar un objetivo concreto que un metaobjetivo, al referirse este a aspectos más abstractos. Pongamos un ejemplo, quizás el más habitual: perder peso.

- ¿Qué se desea? Perder peso, pongamos X kilos. Es algo concreto y mesurable.
- ¿Para qué se quiere? Para mejorar la salud.

Sin embargo, el concepto «mejorar la salud» no alude a nada concreto, ni propone sistema de medida. Es algo que se queda en el plano de las ideas. Va a depender del concepto y creencias que tenga la persona sobre la idea de buena salud. Lo más probable es que médico, dietista y quien debe perder los kilos tengan conceptos diferentes sobre lo que es y lo que no es un buen estado de salud. También muchas personas proclaman que se sienten de maravilla después de terminar una pantagruélica comida, con vinos, cavas, cafés y cigarros, y un chupito bien cargado.

Todo ello nos invita a utilizar estas dos variables (objetivo y metaobjetivo) con sentido común. Está claro que la bolsa de patatas chips es concreta: está ahí, en este preciso instante (inmediatez) y al alcance de la mano (deseo), mientras que disfrutar de un buen estado de salud es algo intangible, a medio o largo plazo (se pospone la gratificación) y que no importa demorar un poquito más. Por ahí van a venir las deserciones, tanto como por los hábitos y las adicciones.

Según constata Martin Seligman, algunos aspectos del comportamiento humano no cambian de forma duradera. Apoya esta idea en cifras demoledoras: entre el 80 y el 95 por ciento de las personas que se someten a una dieta recuperan el peso inicial o incluso lo incrementan al cabo de unos tres años. Por lo visto, somos especialistas en aliviar síntomas, aunque perezosos a la hora de sostener cambios profundos. Lo que yo llamo «desinstalar el programa de la memoria».

Queda claro, entonces, que mientras no percibamos la buena salud como un bien mayor, como una realidad tangible (respirar mejor, correr más, sentirse ligero, no padecer dolores articulares, etc.), como una conducta decidida, vamos a seguir siendo víctimas de objetivos que a veces se logran y a veces no. Nos falta implicación, creer deliberadamente que la salud no es cuestión de algo que sucederá en el futuro, a largo plazo, en abstracto, sino que dejar de fumar ahora, no tomar las patatas chips ahora, por ejemplo, es regalarse salud. Así, día a día, uno celebra su bienestar, sus pequeñas o grandes conquistas. Dicho de otro modo, hay que instalar nuevos programas más útiles y sobre todo «positivos».

En lo que se refiere al ejercicio de la fuerza de voluntad orientada a lograr objetivos, es necesario permanecer conectados con el metaobjetivo. Si, en cambio, solo estoy pendiente de la báscula, me condeno a la obsesión y probablemente al fracaso. Una vez planteados determinados objetivos, ya sea por decisión propia o por obligación, debemos preguntarnos antes que nada: ¿Para qué? ¿Qué sentido tiene ese esfuerzo? Si la respuesta es un bien mayor, vamos bien. Si la respuesta es «porque lo dice el médico», estamos perdidos. Los objetivos pueden cambiar, ahora ser unos, ahora otros. En cambio, lo que se mantiene invariable es el metaobjetivo. Es la brújula que nos orienta tomemos el camino que tomemos.

Una vez definido el metaobjetivo, se establecen las metas u objetivos concretos. Por lo que sabemos hoy en día, las metas más eficaces y motivadoras son las que tienen un **carácter específico, a corto plazo, y provocan cierto desafío asumible.** Por eso no acaban de funcionar los buenos propósitos de fin de año o cuando nos armamos de ganas después de las vacaciones. Hacemos propuestas demasiado abstractas o generales, cuando es mejor plantearse objetivos muy concretos.

No es lo mismo proponerse ir al gimnasio que plantearse la meta de alcanzar un peso determinado, lograr más musculatura o tener más flexibilidad. Una vez logrados estos propósitos, podemos decidir si seguimos con otros retos o no. Pero la mera idea de tener que ir al gimnasio, sin objetivos definidos, se convierte en una obligación a largo plazo cuyo desafío se deshincha porque nunca se acaban de ver resultados estimulantes. En cambio, hay personas que se pasarían el día poniendo a prueba su resistencia. Han logrado gozar con esa actividad, a la que van añadiendo continuamente retos asumibles.

Disponemos entonces de una formulación ya más precisa:

- ¿Qué quiero, en concreto? (Objetivo: carácter específico, a corto plazo y que provoque un cierto desafío asumible). Se trata de la energía que estamos dispuestos a invertir.
- ¿Para qué lo quiero? (Metaobjetivo: el sentido o dirección que tiene el objetivo).

Una vez manifestada nuestra voluntad, viene la parte que suele obviarse en los procesos motivacionales, la planificación. Muchas personas expresan su dificultad a la hora de poner en orden sus intenciones, lo que conlleva a medio plazo una anarquía imposible de controlar. En la actualidad, el floreciente servicio de muchos *coach* viene a suplir dicha carencia y permite un aprendizaje necesario si estamos de veras dispuestos a alcanzar nuestros objetivos.

Además de la planificación, cabe reservar un espacio reflexivo para observar las resistencias que aparecen en nosotros en el momento de pasar a la acción. Es curioso observar la relación dual que se establece entre el deseo y las resistencias al mismo. Queremos algo, pero no estamos dispuestos a pagar el precio que implica. Sabemos que cualquier elección comportará escoger, que todo acaba teniendo un coste que quisiéramos ahorrarnos. ¡Puestos a querer, lo queremos todo! Sin embargo, toca definirse, y al definir señalamos los límites. Dicho proceso reflexivo nos llevará ineludiblemente a nuestras creencias y a las emociones que implican. Ese es el quid de la cuestión. Por ahí es por donde empiezan a desvanecerse tantas buenas intenciones.

Avanzar ante la fuerza resistente del sentimiento de debilidad o de indefensión exige cuatro niveles de actuación:

1) Desactivar o diluir la relación establecida entre pensamiento y emoción. Eso significa reelaborar creencias y crear nuevas implicaciones. Para ello puede sernos útil formularnos la siguiente pregunta: ¿Qué debería creer alguien que experimenta lo que yo quiero? Esta formulación puede ayudarnos a dar con las creencias que nos limitan y a implicarnos en nuevas creencias con las que intimar.

2) Preparar un plan de acción que se base en una correcta formulación de objetivos. En el ámbito de la conducta, marcar unas pautas que seguir y mantenerlas, con ganas o sin ellas. Ahí es donde se muscula la voluntad, en la capacidad de mantener el autocontrol y postergar las gratificaciones. Las pautas deben ser pocas y precisas al principio, para ir aumentándolas progresivamente. Como quien hace pesas, hay que pasar de un peso a otro superior cuando el cuerpo está a punto.

3) Cuidar la dieta, las horas de sueño, los estados de energía y tensión. No traspasar las líneas rojas.

Vamos a seguir esos tres pasos, a formularlos para que nos queden muy claros. El primero hace referencia a cómo hemos construido creencias que bien pueden ser útiles para nuestro propósito o bien, por el contrario, pueden erigirse en un auténtico obstáculo.

Nuestros problemas no están relacionados con las propiedades de los objetos o de las situaciones, sino que están ligados al significado, al sentido y al valor que les atribuimos. Por lo tanto, cualquier intervención que tienda al cambio ha de ir dirigida al modo en que se relacionan los datos percibidos y nuestra respuesta o reacción ante ellos. Una pregunta nos será muy útil: ¿Puede existir otra explicación para la relación que he atribuido a estos datos o hechos? ¿Soy consciente de la influencia de mi estado en el momento de establecer relaciones? ¿Hasta qué punto soy incapaz de cambiar mis creencias, aunque los hechos demuestren lo contrario? ¿Qué ocurriría si viera las cosas con otros ojos, como si fuera otra persona?

Necesitamos un punto de distancia que nos permita observar cómo la mente nos engaña. En este sentido, quisiera observar uno de los mayores autoengaños disfuncionales que padecemos cuando se trata de mantener nuestra voluntad. Se trata de la tendencia a recurrir a estrategias que, en el curso de nuestra vida, han resultado exitosas. Una vez hemos descubierto que algo nos sale bien, tendemos a repetirlo hasta que se convierte en nuestro modelo predominante. Desde la perspectiva del *coaching* estratégico, este fenómeno se denomina «solución intentada redundante».

Es un hecho: si siempre haces lo mismo, siempre obtendrás el mismo resultado. Puede que en algunos niveles de la experiencia ese resultado sea positivo. Pero ¿lo será en todos los niveles, en todas las conductas, en todas las situaciones? Aquello que se ha manifestado eficaz en algún ámbito de nuestra vida, lo repetimos una y otra vez como solución a todos los problemas. Es un error que a menudo conlleva mucha frustración. De hecho, una buena estrategia aplicada a un mismo conflicto pero en momentos diferentes puede convertirse en una pésima estrategia; del mismo modo, un comportamiento adecuado en una circunstancia determinada puede ser completamente inadecuado en otra, aunque sea parecida a la anterior.

Cuando fracasa la solución intentada redundante, la extrañeza y desazón que provoca nos inclina al «más que antes», lo que en realidad significa «peor que antes». Como muy bien lo expuso Paul Watzlawick, «la solución intentada se convierte en el problema». Sin embargo, en el otro extremo se encuentra la estrategia de evitar todo aquello que en un momento determinado creó problemas emocionales o que no nos gusta porque cuando lo intentamos nos salió mal y nos sentimos incapaces. Si podemos evitar enfrentarnos a nuestros puntos débiles, pues mejor. En realidad, tanto la estrategia redundante como la evitación son dos autoengaños que es preciso resolver.

Cuando descubrimos nuestras debilidades, tendemos a replegarnos sobre ellas. Porque nos debilitan, las evitamos. Sin embargo, también pueden convertirse en un movimiento expansivo, como una palanca capaz de activar el cambio o la transformación. Cuando conseguimos transformar una limitación personal, esta se convierte en una fortaleza. Las limitaciones o incapacidades pueden observarse desde cuatro perspectivas:

- Incapacidad estratégica (no encontrar una vía de salida).
- Incapacidad de acción (no ser capaz de aplicar una solución encontrada).
- Incapacidad en la constancia (no hay voluntad sostenible).
- Incapacidad de gestión (no saber gestionar los efectos de la estrategia).

Cualquier propósito que queramos conseguir deberá tener en cuenta la desactivación de las resistencias que conlleva todo cambio. Descubrimos esas resistencias cuando sentimos la presencia de las limitaciones, de las incapacidades y de los miedos. Nos señalan el punto en el que tendremos que negociar con nosotros mismos. Al tratarse, como vemos, de un asunto que empieza y acaba en las emociones, cualquier estrategia de desactivación significará «sentir» la situación de una manera diferente.

Las resistencias no dejan de ser memorias emocionales que pertenecen a nuestra historia. Pero el cambio se produce en presente, ahora y aquí, lo que representa volver a sentir la situación, esto es, experimentarla de nuevo para cambiar tanto la percepción como la reacción. Esta es la explicación de por qué fallan tantas veces los propósitos. Cuando surgen las resistencias, aparecen también las memorias emocionales de siempre, que además han quedado asociadas a nuestra identidad. Falta que sintamos la debilidad para que se activen todas las respuestas aprendidas. No sabemos salir de ahí y, para colmo, creemos que nunca podremos hacerlo.

El segundo paso, formular bien nuestros objetivos, es tan fundamental como hacer un buen diagnóstico ante un problema. La PNL (Programación Neuro-Lingüística) propone algunas reglas de oro para lograr una correcta formulación a partir del esquema conocido como POPS (prueba, operación, prueba, salida):

Estado presente	Prueba *Objetivo de futuro definido* Evidencia Qué evidencias tendré Operación Conjunto variable de medios/acciones	Estado deseado *objetivo/resultado*

Toda situación parte de un estado presente que pretendemos modificar para transformarlo en un estado deseado. Dicho de otro modo, plantearse un objetivo no solo es una descripción verbal, una declaración, sino también un estado: ¿Qué veré, que oiré o que sentiré cuando logre mi objetivo? Lo hacemos de esta manera para que exista una representación interna, clara y rica sobre el resultado final.

Por ejemplo, si el objetivo es conseguir la casa de nuestros sueños, podemos imaginar la sensación en el momento en el que nos entregan las llaves (visual y sensorial a la vez) o cuando experimentemos la sensación de estar «escuchando» el silencio dentro de la casa. O podemos darlo por hecho en el momento en que nos «veamos» estampando nuestra firma en el título de propiedad. Esa representación es la idea con la que vas a intimar durante un tiempo y que servirá como anclaje claro de tu objetivo. Observa qué les ocurre a los jugadores de fútbol cuando han ganado nada más y nada menos que una Champions. El momento culminante suele ser cuando el capitán levanta la copa de ganadores. Esa es la representación.

Las evidencias también son importantes. ¿Cómo sabremos que estamos en el camino correcto? ¿Cómo sabremos que se respetan los tiempos, si no los hemos marcado previamente? Muchos propósitos se pierden porque no han sido planificados, algo que consiste sobre todo en situar evidencias de proceso. Si nos hemos propuesto que en la tercera semana de estudios debemos haber acabado ciertos temarios, y no lo hemos hecho, no podemos quedarnos pensando que ya lo haremos, o aturdirnos por no llegar a tiempo. Hay que revisar la previsión temporal y adecuar de nuevo el ritmo para optimizar los resultados.

El proceso consiste en un continuo operar y comprobar. ¿Hemos logrado el estado deseado? ¿Estamos cumpliendo con las evidencias del proceso? Cuando las respuestas son negativas, debemos buscar acciones alternativas para alcanzar el objetivo. Tal vez habrá que adquirir más recursos, aprender algo que necesitamos para seguir adelante con el proceso. Cuando la respuesta es sí, cuando hemos logrado el estado deseado, ya no operamos más, sino que salimos. Objetivo conseguido.

Unas preguntas muy simples te ayudarán en la realización de tus POPS:

- *Objetivo*: Exige una correcta formulación.
- *Evidencias*: ¿Cómo sabré que lo he conseguido? ¿Cómo sabré que estoy siguiendo correctamente el proceso? ¿Cómo sabré que se mantiene la previsión temporal?

- *Operaciones:* ¿Qué hago para obtener los objetivos?
- *Recursos:* ¿Qué hago si no los consigo? ¿Dónde y cómo obtener más recursos?

Cuando hablamos de las reglas de oro de la formulación correcta de objetivos, nos referimos en concreto a que sigan las siguientes normas:

- *El objetivo debe ser expresado en positivo.* Describe de forma clara y positiva lo que quieres y lo que no quieres o deseas evitar. La definición es poderosa porque fija la atención y centra tus pensamientos. Evita la palabra NO. Ya sabes que nuestro cerebro es, en este sentido, paradójico. Si decimos: «¡No vayas a la playa!», nuestro cerebro, que funciona a través de representaciones mentales, lo primero que hará es evocar la playa y tal vez a nosotros yendo hacia ella. Entonces tenemos que buscar una alternativa a «No-playa», como por ejemplo, vernos quedándonos en casa, o yendo a otro lugar. Sin embargo, falta una representación que sea «No-playa». No existe. En cambio, la playa, sí. Eso mismo ocurre cuando nos dicen «No pienses en un elefante de color rosa»: no podemos pensar en un no-rosa, sino que tenemos la representación del elefante y del color rosa, con lo cual no podremos evitar la asociación.
- *El objetivo debe ser específico y estar bajo tu control.* Cuanto más específico, mejor. A menudo solemos hablar de forma abstracta: «Debería ir al gimnasio.» De acuerdo, pero ¿cuándo? ¿En qué horario? ¿Para hacer qué? Puede sernos de gran ayuda, sobre todo al principio, concretar qué situaciones específicas nos resultan más arduas. Escoger entre estas las que

de momento nos vemos más capaces de afrontar y empezar a entrenarnos. También es importante que la conducta dependa de nosotros mismos, de lo contrario siempre tendremos la excusa de los demás o de las circunstancias. Pregúntate: ¿Cuánto voy a tardar en alcanzar el objetivo? ¿Cuándo lo quiero? ¿Cuánto tiempo hace falta para alcanzarlo?

- *Hay que proponerse evidencias que sirvan de retroalimentación.* Muchos propósitos quedan arruinados porque no se ha previsto ningún marcador que indique si se va por el camino correcto o si existen desviaciones que hagan peligrar el logro del objetivo. No es suficiente con proponerse un cambio. ¿Cómo sabrás que estás alcanzando el objetivo? ¿Cómo sabrás que lo estás haciendo bien? ¿Cómo sabrás si falta mucho para alcanzar tu meta? Esos marcadores pueden ser tanto externos como internos (cómo me sentiré, qué veré, qué oiré cuando consiga el objetivo). Lo bueno es que esas evidencias las puedo tener claras ya en el momento de empezar. Todo proceso de cambio debe planificarse y temporalizarse, sino lo estamos arruinando nada más empezar. ¿Cómo mediré mi progreso hacia el objetivo? ¿Con qué frecuencia?
- *Tamaño y tiempos adecuados.* Si decides que mañana mismo empezarás drásticamente una dieta, o dejarás de fumar o de comer pastelitos, probablemente estés preparando tu fracaso. Lo mejor será empezar con algo alcanzable, por ejemplo reducir a la mitad la primera semana, para ir luego aumentando los retos. Los objetivos deben tener una medida adecuada, situando bien los límites y observando. ¿Cuál es el primer paso que debo dar? ¿Para cuándo quiero conseguirlo?

– *Verificación ecológica.* El objetivo debe ser adecuado para todos los aspectos de tu vida. Es importante observar cómo puede afectarte la consecución de ese objetivo. ¿Vale la pena lograrlo? ¿Conduce a un bien mayor? ¿Refuerza mi voluntad? ¿Hay alguien que salga perjudicado? ¿Qué beneficio aporto? ¿Qué coste tendrá para mí y para los demás? ¿A qué tendré que renunciar? ¿Cómo quedará afectado el equilibrio entre los diferentes aspectos de mi vida?

– *Recursos para conseguir el objetivo.* Como ves, no basta con tener una intención. Es preciso planificarla y temporalizarla, además de añadir los recursos que sean necesarios. Es bueno contemplar los recursos adicionales que tal vez no estén en nuestras manos. ¿Qué podría ayudarme a conseguir mi objetivo? Elabora una lista (objetos, personas, tiempo, modelos o cualidades) que puedas necesitar para alcanzar tu objetivo. Una de las cosas que más desesperanza crea es la sensación de impotencia. Pero se trata solo de una sensación, porque lo más seguro es que tarde o temprano encuentres recursos a tu alcance. En lugar de aturdirte, dedícate a completar esa lista para saber qué te falta en concreto y cómo puedes integrarlo. Si se trata de cualidades personales, entonces busca un buen modelo, obsérvalo, pregúntale e intenta imitar su conducta.

Vamos a añadir a todo ello preguntas, muchas preguntas que te ayudarán a centrarte en tu objetivo o propósito:

1. ¿Qué es lo que quiero?
2. ¿Qué depende de mí?
3. ¿Qué puedo hacer para conseguir mi objetivo?

4. ¿Cómo sabré que lo he conseguido?
5. ¿Qué es lo que veré, oiré y sentiré fuera y dentro de mí cuando consiga mi objetivo?
6. ¿Cuándo ocurrirá, dónde, cómo?
7. ¿En qué plazo quiero conseguirlo?
8. ¿Cuál va a ser el primer paso?
9. ¿Qué señales me indicarán que estoy en el buen camino?
10. ¿Para qué quiero conseguir mi objetivo?
11. ¿Qué ganaré o qué perderé consiguiéndolo?
12. ¿Es compatible con otros objetivos de mi vida?
13. ¿En qué contextos es adecuado el objetivo?
14. ¿Cuál de mis objetivos tiene prioridad?
15. ¿Qué puede impedirme lograr mi objetivo?
16. ¿Qué me ha impedido lograr los objetivos que me he planteado en el pasado?
17. ¿Quiero este cambio u objetivo en todos los contextos de mi vida?
18. ¿Cómo puedo empezar?
19. ¿Qué me hace falta? ¿Cómo lograr más recursos?
20. Imagínate que ya has logrado tu objetivo. ¿Hay algo que no te guste?

El tercer y último paso es la activación de tu sistema defensivo, es decir, lo que se refiere al cuidado de tu cuerpo y de tu sistema inmunológico: dietas, sueño, energía y espacios de liberación.

Debe quedar claro que ejercitar la fuerza de la voluntad no consiste solamente en proclamar lo convencidos que estamos de nuestros propósitos. El impulso emocional que moviliza las primeras energías ante un reto debe sostenerse posteriormente cuando el impulso flaquea. Huérfanos de ese empuje inicial gratuito, ahora todo depende exclusivamente de nuestros recursos y de lo poderosa que sea esa fuerza. ¿Cómo se gestiona nuestro nivel de activación?

Una de las investigaciones que llama la atención sobre este tema es la realizada por Matthew Gailliot, de la Universidad de Ámsterdam, en la que sostiene que el combustible de dicha fuerza es la glucosa. En cierto modo esto no debería sorprendernos, puesto que ese monosacárido es fundamental para el cuerpo y también para las diferentes tareas que desempeña nuestro cerebro. El acto de procesar información, de pensar, supone un dispendio tanto más agotador cuanto más intenso. Es lo que a menudo expresamos como: «Me duele la cabeza de tanto darle vueltas.» Diferentes investigaciones han llegado a la conclusión de que pensar demasiado agota al cerebro, lo seca. De hecho, la velocidad de nuestros procesos mentales disminuye cuando el nivel de azúcar en la sangre baja.

En los trabajos de Gailliot, los participantes estaban obligados a controlar sus pensamientos, emociones o conductas, y se observó que inmediatamente después de cada esfuerzo de voluntad los niveles de glucosa en sangre se reducían. Es más, aquellos cuyos niveles habían caído al máximo en la primera tarea encomendada desempeñaron peor la siguiente tarea. En cambio, a los participantes a quienes se les proporcionó una bebida azucarada entre la primera y la segunda tarea fueron más capaces de ejercer su voluntad. Este aspecto de la investigación debe permitirnos cuestionar hasta qué punto debemos atribuir a nuestro carácter una presunta falta de fuerza de voluntad, o si más bien deberíamos reparar en el estado general de nuestro organismo ante el reto. Tal vez le asignamos mucha importancia al espíritu de la cuestión y, en cambio, subestimamos las condiciones mente-cuerpo que lo deben propiciar.

Nuestra actitud ante la vida es muy importante en lo concerniente al tema del esfuerzo. Muchos padres les piden a todos sus hijos un esfuerzo similar, sin darse cuenta de las peculiaridades de cada uno, en cómo hay que regular y repartir ese esfuerzo. La ley del todo igual no funciona en estos casos. Lo mismo ocurre en otros ámbitos, como el de la empresa o el de las organizaciones, así como en el sistema educativo. Una vez asumido el principio de responsabilidad, ineludible en cualquier caso, entrarán en juego el carácter de cada uno, sus deseos y necesidades, sus motivaciones, la capacidad de estructurar y planificar la acción, la perseverancia y, por ende, el estado en el que se encuentran, su salud, el nivel óptimo de energía y de tensión.

A esa actitud vital hay que añadir una acción vital: la capacidad de aplicar nuestra fuerza de voluntad depende de la disponibilidad de glucosa en la sangre. Cuando los niveles son bajos (por ejemplo, tras saltarse el desayuno), o cuando el cuerpo ha impedido el uso de la glucosa (como en la diabetes o en el síndrome metabólico, cada vez más común), la fuerza de voluntad está menos disponible, afectando además al autocontrol, la atención, las emociones y el comportamiento. No es de extrañar que esas mismas investigaciones sugieran la importancia de consumir alimentos que mantengan unos niveles estables de glucosa y no saltarse las comidas, con atención a la ingesta de alcohol.

Restaurar el equilibrio del cuerpo mejora la fuerza de voluntad ante retos que van a exigir un nivel alto de atención, regulación emocional, gestión del estrés, resistencia a la impulsividad, así como la abstención de conductas agresivas. El alcohol, en cambio, reduce la glucosa en el cerebro y el cuerpo y afecta de muchas formas la capacidad de manejar la voluntad. Es obvio que no vamos a pasarnos la vida llevando encima sobrecitos de azúcar, por si las moscas. Se trata simplemente de estar atentos a nuestras bajadas de energía, dificultades de concentración o un repentino desfallecimiento de nuestros propósitos. Puede que en esos momentos debamos atender el déficit de glucosa. Por otro lado, todo será más sencillo si se respetan las dietas.

Me parece de especial interés esta perspectiva, que relaciona la mente y el cuerpo, porque a menudo contemplamos la voluntad únicamente como «la fuerza del carácter». Entronizamos así a aquellas personas que han hecho alardes de sacrificio, sobreesfuerzo, supervivencia o superación. No cabe duda de que existe una fuerza anímica que es capaz de doblegar barreras físicas y psicológicas. Sin embargo, estas investigaciones nos recuerdan algo importante: también esos estados tienen sus límites de agotamiento. Y cuando se sostienen más allá de sus posibilidades, el cuerpo enferma. Otra cosa, por supuesto, es la decisión de si ha merecido la pena tanto sobreesfuerzo. El camino del héroe, una vida con sentido y orientada hacia un ideal, supone a veces que superemos la fuerza humana para descubrir una fuerza divina que no alcanzamos a comprender. Tal vez por eso se dice que los ángeles huelen a azúcar.

Interiormente, el sustrato más biológico que nos constituye es el temperamento, que no debemos confundir con la personalidad. Muchas de nuestras respuestas primarias responden a nuestra dotación genética, es decir, que estamos predispuestos a sentimientos y estados de ánimo que caracterizan nuestra vida emocional. ¿Hasta qué punto este sustrato es modificable? ¿Somos esclavos de nuestro destino temperamental?

La historia de la psicología reabunda en estudios que intentan etiquetar o clasificar nuestros humores, algo que a estas alturas ya deberíamos haber superado si pretendemos entender el funcionamiento humano desde una perspectiva integradora. Cada persona responde con una rapidez, duración e intensidad emocional distinta, agrupable para fines de simplificación (tímidos, abiertos, optimistas o melancólicos, por ejemplo), aunque difícilmente podremos explicar nuestra complejidad si nos limitamos a unas tendencias del temperamento que, por suerte, se modifica a lo largo de la vida e incluso se puede recodificar si uno se empeña en ello. Para los fines de este trabajo, la relación entre el temperamento y el autocontrol se mueve por otros derroteros.

El temperamento se puede traducir hoy como nuestro nivel de activación personal (*arousal*) y adaptación al medio. Nuestros niveles de activación transitan sobre dos raíles:

a) Energético (oscilación entre vigor/vitalidad y fatiga/cansancio).

b) Tensión (oscilación entre calma/quietud y ansiedad/miedo).

Cada persona combina estas dimensiones según su tendencia, experiencia y atribución de causas. Dicho de otro modo, según su energía, aprendizajes y creencias. Todo ello conforma una actitud vital, una huella personal única e intransferible, seguramente la capa estructural que más cuesta transformar porque constituye el universo de la persona, reducido a una voluntad.

Las referencias a la necesidad de ejercer autocontrol

vamos a situarlas ahora en el terreno de nuestro nivel de activación. Ser capaces de muscular nuestra voluntad alude, en este caso, al proceso de regulación tanto del nivel energético como del nivel de tensión. Imagínate una línea roja que no puedes cruzar bajo ningún concepto. Es tu frontera, tu límite natural.

Has decidido, por ejemplo, acabar con una relación adictiva. Llevas días dándole vueltas y no acabas de decidirte pese a saber que te conviene dejarlo. Lo más probable es que energéticamente te sientas con más cansancio y, a nivel de tensión, se hayan manifestado síntomas de ansiedad. Todo ello tiene que ver con la forma en que estás viviendo la relación, cómo la piensas, qué sientes y cuánto esfuerzo te costará resolver de una vez las dificultades que conlleva. ¿Cuánto tiempo más vas a sostener esta situación?

Plantear esta cuestión suele estresar aún más, al proyectar los pensamientos sobre el otro, porque se temen las consecuencias, porque se quiere evitar provocarle sufrimiento, porque tampoco se tienen certezas absolutas de lo que es mejor, la relación no termina nunca. Sin embargo, estás a punto de pasar la línea roja. Al otro lado te espera una fatiga que te deja sin fuerzas y atrapado completamente por el miedo. ¿Qué fuerza de voluntad se puede tener en tales condiciones? ¿Cómo resolverás esa relación en semejante estado? ¿Podrás gobernar tus impulsos si fallan las fuerzas de resistencia?

Ahora imagínate que nos ponemos de acuerdo en que hagas una pausa. Durante ella tendrás dos tareas: la primera, recuperar tu nivel de activación; la segunda, preparar un plan de respuesta. Como el que va al gimnasio para recuperar musculación, en este caso vamos a preparar una buena dieta y una rutina de ejercicios tanto de elasticidad corporal como de relajación. Utiliza el ejercicio que te propongo a continuación como herramienta de liberación mental, atención plena y musculación de tu voluntad:

1. Elige un lugar tranquilo, siéntate y dedica al menos 15 minutos a este ejercicio. Siéntate en una silla firme y cómoda, asegúrate de que tu espalda esté en posición vertical, con las manos descansando en las piernas y los pies apoyados en el suelo. Ahora cierra los ojos y relaja tu cuerpo, lo que te permitirá encontrar la posición natural.

2. Toma conciencia de tu respiración. Simplemente siente la respiración, cómo entra y sale naturalmente. No fuerces el ritmo, siente el flujo y disfruta.

3. Observa las diferencias entre la inhalación y la exhalación. No *pienses* en las diferencias, no entres en el discurso mental.

4. Cuando la respiración se ha asentado en un ambiente relajado y un ritmo natural, concéntrate en ella y siente cómo fluye libremente dentro y fuera. Mantén tu foco de atención en el proceso.

5. A veces descubrirás que tu atención se desvía. Observarás que deriva hacia lo que sucedió el día anterior, lo que hay que acabar, o si este ejercicio no será una pérdida de tiempo. No te preocupes ahora por eso, verás que tu mente tiene vida propia y no está acostumbrada a la disciplina de llevarla a un único punto. Hay que vencer poco a poco la resistencia. Ve centrando tu atención suavemente en cómo entra y sale el flujo del aire. Céntrate en la secuencia, en la respiración, y cuando sientas que te distraes, vuelve a la respiración.

6. Ahora centra la atención en tu proceso de concen-

tración. Para ello solo tienes que observar cualquier cosa que surja en tu mente mientras te concentras en tu respiración. Puede ser un pensamiento, tal vez en forma de idea, imagen o recuerdo. O tal vez una emoción. O una sensación de cuerpo. O el impulso de hacer algo. Cuando esto sucede, siéntete satisfecho de haber reparado en que ya no te centras en la respiración, ya estás en la atención plena.

Sea lo que sea que esté desviando tu atención, igual que una nota amable y suave, mira a través del espacio cómo surgen tus pensamientos. No corras detrás de ellos. «No pensar» no se describe con palabras; no intentes juzgarte, censurarte, negarte o alejarte de lo que surge. Obsérvalo y mira a través de tus pensamientos. Concéntrate en tu atención plena.

7. Cuando notes que decae tu atención, céntrate de nuevo en la respiración. Y cuando surja cualquier fenómeno interno, ten en cuenta que no debes dejarte absorber por ello. Mira a través de la conciencia y observa cómo todo se desvanece. De nuevo atiende a la respiración. Repite este proceso el resto de la meditación, toma nota de cualquier pensamiento o sentimiento. Observa cómo desaparecen y vuelve a la respiración.

8. A menudo encontramos pensamientos que no desaparecen. No te preocupes. Mira a través de ellos, e incluso si no desaparecen, vuelve a la atención plena. Repite el ciclo de darte cuenta, mira a través de ellos y vuelve a la respiración.

9. Toma conciencia de cómo se va fortaleciendo el músculo de tu voluntad con este sencillo ejercicio. Siente la presión de las piernas en la silla, la sensa-

ción de tu espalda en el respaldo, las plantas de los pies en el suelo.

Luego, poco a poco, abre los ojos. Observa cómo la percepción de ti mismo ha cambiado. El ejercicio ha terminado. A continuación podremos elaborar un plan de acción que responda a tu voluntad, tal como se ha descrito en el paso segundo. Cuando estés preparado, ¡vamos a por ello!

Resumen del capítulo

- Las personas tenemos responsabilidad en la gestión de nuestra vida, sobre todo en la capacidad de gobernarnos a nosotros mismos.
- El proceso de maduración personal consiste, entre otras cosas, en encontrar un sereno equilibrio entre la impulsividad y el control de la misma. Se refiere fundamentalmente a:

  - La dificultad de gobernar adecuadamente sentimientos impulsivos y emociones conflictivas.
  - La pérdida de equilibrio ante situaciones críticas o de conflicto en las relaciones interpersonales.
  - El secuestro emocional producto de tensiones o de situaciones estresantes.

- La demora autoimpuesta de la gratificación dirigida a metas tal vez constituya la esencia de la autorregulación emocional: LA AUTODISCIPLINA.
- La motivación al logro, las ganas que tenemos de continuar en una tarea y su perseverancia de cara al futuro, dependen directamente de las sensaciones o expectativas de éxito o de fracaso que se tengan. Las personas con una sensación de competencia más baja asimilan peor los fracasos, caen más rápidamente en un sentimiento de desesperanza y ponen más en riesgo su autoestima.

- La autodisciplina es la reina de todas las virtudes, la fortaleza que da pie al resto de fortalezas.
- La cantidad de tiempo y energía que uno dedica a la práctica deliberada es la piedra angular de las destrezas máximas.
- Podemos fluir sin sensación de esfuerzo siempre que antes hayamos creado unas buenas condiciones de autodisciplina.
- Los tres estadios que pueden estar bajo nuestro control:

  - Salud, vitalidad (energía)
  - Paz mental (inteligencia)
  - Armonía interior (amor)

- Las emociones alteran nuestra visión del mundo y la forma en que interpretamos las acciones de los demás.
- Las personas dotadas de «conciencia emocional».

  - Saben qué emociones están sintiendo y por qué.
  - Comprenden los vínculos existentes entre sus sentimientos, sus pensamientos, sus palabras y sus acciones.
  - Conocen el modo en que sus sentimientos influyen sobre su rendimiento.
  - Tienen un conocimiento básico de sus valores y de sus objetivos.

- ¿Qué es lo que quiero en concreto? (Objetivo: carácter específico, a corto plazo y que provoque un cierto desafío asumible).
  ¿Para qué lo quiero? (Metaobjetivo: el sentido que tiene el objetivo).

Una vez tomada la decisión hay que:

1) Desactivar resistencias, diluir la relación establecida entre pensamiento y emoción. Eso significa reelaborar creencias y crear nuevas implicaciones que se ajusten al objetivo. Puedes preguntarte: «¿Qué debería creer alguien para experimentar X» (es decir, para haber logrado el objetivo propuesto).
2) Preparar un plan de acción que se base en una correcta

formulación de objetivos (técnica POPS). En lo referente a la conducta, marcar unas pautas y mantenerlas, se tengan o no se tengan ganas de hacerlas. Ahí es donde se muscula la voluntad: se trata de ser capaz de mantener el autocontrol y postergar las gratificaciones. Las pautas deben ser pocas y precisas al principio, para aumentar progresivamente. Como quien hace pesas, hay que pasar de un peso a otro superior cuando el cuerpo está a punto.

3) Vamos a añadir como eje transversal la salud corporal, es decir, el estado de la relación mente-cuerpo, lo que supone una atención especial a los siguientes aspectos:

- Cuidar la dieta
- El sueño
- Los estados energéticos y de tensión
- Espacios de liberación mental

- El temperamento se puede traducir como nuestro nivel de activación personal (arousal) y adaptación al medio. Nuestros niveles de activación transitan sobre dos raíles:

  - Energético (oscilación entre vigor/vitalidad y fatiga/cansancio).
  - Tensión (oscilación entre calma/quietud y ansiedad/miedo).

CUARTA REFLEXIÓN:
Dios nos libre del cesto de las manzanas podridas

LA INDEFENSIÓN APRENDIDA

Uno de los aprendizajes que llevamos a cabo las personas es determinar hasta qué punto nuestras conductas influyen o no en los resultados de los acontecimientos. Hay cosas que parece que podemos controlar y muchas otras que no. Cuando las personas aprenden que los resultados deseados no dependen de su conducta voluntaria, desarrollan lo que Martin Seligman denominó «indefensión aprendida».

Ahondar en este aprendizaje arrojará mucha luz a esos padres que ven con sorpresa cómo sus hijos caen en una apatía que no tiene explicación. Por supuesto, esta no es la causa de muchas conductas que etiquetaríamos de holgazanería, dificultades en el estudio, tendencia al hedonismo o desmotivación generalizada. Estamos ante una forma de actuar que se basa en el aprendizaje y que puede acabar comportando una actitud vital, una manera de afrontar la existencia.

Los primeros experimentos en indefensión aprendida

usaban animales como sujetos. Pretendían estudiar la interacción entre el condicionamiento clásico y el condicionamiento instrumental aversivo, es decir, ante una situación muy desagradable que se pretende evitar.

En uno de los experimentos exponían a unos perros a una serie de descargas eléctricas de las que no podían escapar. Lo que descubrieron fue que, posteriormente, eran incapaces de aprender una nueva conducta instrumental tan simple como la respuesta de saltar para evitar una descarga eléctrica. Se quedaban, los pobres, acurrucados en un rincón aguantando pasivamente las descargas. De esta manera se concluyó que, tanto los animales como las personas, cuando tienen una experiencia de aversión incontrolable, de la que no pueden escapar, desarrollan unos trastornos y déficits que interfieren o impiden el aprendizaje posterior de nuevas respuestas.

La indefensión aprendida engloba los siguientes elementos:

- Una condición o causa precedente.
- Una experiencia aversiva incontrolable.
- Una serie de cambios en el comportamiento que impiden el aprendizaje de nuevas tareas: déficits cognitivos (elaboración del pensamiento), motivacionales, emocionales y fisiológicos.

Cuando queremos desarrollar la fuerza de voluntad, además de a la dieta y el estado energético del cuerpo debemos prestar atención a nuestra motivación, cuestión de la que hablaremos mucho a partir de ahora. Pero ¿qué les ocurre a esas personas que parecen carecer de toda motivación?

Es difícil encontrar a alguien que no muestre ninguna

inclinación por algo, por muy extraño o complicado que sea. Sin embargo, resulta más fácil encontrar personas escasamente motivadas. Personas cuya inactividad viene inducida por la convicción de que cualquier respuesta acabará en fracaso, será inútil. Eso es lo que preocupa a las personas que pretenden estimular a otras para que actúen. No pueden entender que ni siquiera lo intenten. No tienen en cuenta las vivencias de inutilidad y fracaso que les llevan a la más absoluta inactividad.

Existen tres tipos de déficits a tener en cuenta, cuya dificultad estriba en cómo se combinan:

- Cognitivos (formas de pensar y de procesar la información)
- Emocionales
- Motivacionales

En los déficits cognitivos, la clave es la incapacidad generalizada para realizar una tarea con éxito o aprender una nueva, al margen de que pueda existir una situación aversiva. Si algo han aprendido quienes padecen este trastorno es a no aprender, por eso ante cualquier situación creen que no van a saber resolverla. Por lo visto, ese déficit está relacionado con el mecanismo de la atención: se fijan en lo menos indicado para poder aprender.

En los déficits emocionales, hay que tener en cuenta que cualquier situación aversiva induce por sí misma a estados de miedo y ansiedad.

En los déficits motivacionales, cuando la experiencia aversiva es incontrolable, esta induce a un estado de pasividad con trastornos que estarían más relacionados con la depresión, consecuencia de la indefensión aprendida.

En los déficits fisiológicos existe una alteración del sistema opiacio-endógeno y del sistema noradrenérgico y serotoninérgico.

Te propongo que consultes un experimento de inducción a la indefensión aprendida en apenas cinco minutos. Lo encontrarás en *http://www.youtube.com/watch?v= OtB6RTJVqPM*. Imagínate la siguiente situación: una profesora reflexiona en una clase con adolescentes sobre los principales miedos a los que se ven sometidos, destacando su temor a no encajar (en su grupo de referencia o al que quiere pertenecer). Les propone una actividad para que sientan la vivencia de sentirse aceptados o no. Para hacerlo, repartirá a los alumnos una hoja en la que se encuentran escritas tres palabras. La instrucción es reordenar las letras que las componen para formar otra palabra.

Los alumnos ignoran en qué consiste exactamente el experimento. Aunque ellos no lo saben, la profesora ha dividido la clase en dos grupos de forma aleatoria, es decir, sin que existan criterios de elección, como por ejemplo por su inteligencia. A un grupo se le entregará una hoja con tres palabras muy fáciles de reordenar («bat» «lemon» y «cinerama») y al otro dos palabras irresolubles y una tercera fácil, que coincide con la última del otro grupo («whirl», «wlapstick» y «cinerama»). Por su parte, los alumnos creen que todos ellos están haciendo exactamente el mismo ejercicio.

La profesora explica a los jóvenes qué deben hacer y les indica que una vez terminen con la primera palabra, levanten la mano. Casi de inmediato, la mitad de la clase la levanta (cambiaron «bat» por «tab»), mientras que en la otra mitad nadie se mueve, se quedan aturdidos intentando resolver su palabra mientras ven que el resto ya lo ha solucionado. Los chicos miran extrañados a sus compañeros, sorprendidos por la rapidez de su respuesta. La profesora enseguida les pide que resuelvan la segunda palabra, y vuelve a ocurrir lo mismo (cambiaron «lemon» por «melon») para desespero de la mitad de la clase que ni tan siquiera ha podido aún con la primera palabra. La cara de estos últimos es un poema. Sienten que no pueden resolver el ejercicio y se hunden al ver la rapidez de los demás.

Finalmente, la profesora les pide que resuelvan la tercera y última palabra, común a ambos grupos. De nuevo se repite la misma situación. Al finalizar, les cuenta que en realidad existían dos listas. Lo interesante de la experiencia es que en el momento de resolver la tercera palabra («cinerama» por «american») los chicos que no habían podido resolver las dos primeras palabras ya no se vieron capaces de dar con la solución de esta. Fueron inducidos a una indefensión aprendida.

Posteriormente, la profesora les preguntó a los chavales indefensos qué habían sentido al ver que sus compañeros levantaban la mano tan rápidamente. Las respuestas fueron muy reveladoras: «Me sentí estúpido..., apurada..., confundida..., frustrada.» ¿Qué paso en la tercera pregunta? «Mi confianza se vino abajo.» Todo ello ocurrió en apenas cinco minutos. Ahora imaginemos lo que les sucede a algunos estudiantes que se vienen abajo un día sí y otro también.

Maier y Seligman analizaron este modelo y llegaron a la siguiente conclusión: **Una persona que vive una serie de consecuencias aversivas independientes de su comportamiento, es decir, una situación incontrolable, llega al convencimiento de que en el futuro tampoco existirá una relación entre sus respuestas y las consecuencias de estas. Es como decir que haga lo que haga, no servirá de nada. Estará convencida que sus conductas son inútiles.**

Aparecen así, los tres componentes que estructuran el

modelo: **la causa desencadenante, el mecanismo cognitivo y las consecuencias.**

La causa desencadenante es una condición necesaria aunque no suficiente, de naturaleza medioambiental, es decir, debe ocurrir algún suceso externo, una situación incontrolable y aversiva, en la que se experimenta indefensión y una conducta posterior depresiva. De hecho, cuando se expone a los individuos a situaciones aversivas incontrolables en laboratorio, tienden a mostrar los síntomas tanto psicológicos como fisiológicos de la depresión: apatía, desorden cognitivo, aislamiento social y descenso de las aminas cerebrales, especialmente la norepinefrina.

Decía que la causa desencadenante es una condición necesaria, aunque no suficiente, porque no todo el mundo que sufre una situación incontrolable y aversiva reacciona con indefensión. Para que esto suceda, debe darse una forma específica de procesar la información: si consideramos que las cosas que sufrimos son independientes de nuestra conducta, que hagamos lo que hagamos no servirá de nada, entonces hemos creado la expectativa de indefensión ante los sucesos de la existencia. Es vivirse como una víctima de las circunstancias. Eso ocurre porque algo que sucedió (externamente) fue interpretado (internamente) como una indefensión. Y el proceso se repetirá hasta que se logre cambiar esta mentalidad.

Pongamos por caso que un alumno muestra esta tendencia a la indefensión. Se le prepara un trabajo específico en el que exista relación entre la tarea y sus posibilidades de éxito, con lo cual solo debe poner empeño en hacerlo. Sin embargo, para ese alumno la tarea misma es ya un fracaso, porque sus experiencias previas no le dejan ver otra opción. Porque mientras realice la tarea, estará atribuyendo un sentido de inutilidad a las consecuencias que se deriven de su acción, lo cual impide la formación de nuevas asociaciones entre respuestas y consecuencias. Además, la posibilidad de éxito no será un incentivo suficiente para que salga de su inactividad.

Ante semejante realidad, muchos padres entenderán la inutilidad de intentar animar a sus hijos mediante argumentos o, por el contrario, acribillarlos a base de amenazas y castigos. Todo ello solo servirá para empeorar la situación, ya que el problema radica en cómo han llegado a construir un sistema de indefensión. Es cierto que pueden haber existido situaciones desencadenantes, pero cuando esta actitud se extiende más allá de esas situaciones concretas, el problema hay que buscarlo en la atribución de causas que está realizando la persona. En último extremo, esas son las causas condicionantes o factores de riesgo que mantienen la indefensión. Cuesta mucho «quitarles de la cabeza» que en el futuro les pasará alguna situación desagradable o aversiva y que no serán capaces de controlarla.

Algo similar les ocurre a las personas con un estilo de atribución típicamente depresivo. Asumen que sus experiencias negativas, todo lo que les sale mal o las situaciones desagradables que viven, se deben a causas «globales, internas y estables», como veremos en el próximo apartado sobre la atribución de causa. Es decir, que les suceden siempre. Por eso suelen quejarse de que no sirven para nada y están convencidos de ser unos inútiles, lo que les lleva a magnificar los hechos negativos. Si se diera el caso que algo les fuera bien, entonces menospreciarían las causas («era muy fácil», «todo el mundo lo puede hacer», etc.). Este tipo de pensamiento no es el causante de la indefensión aprendida, sino un factor de alto riesgo.

Entonces, ante tamaña y desesperante realidad, ¿cabe hacer algo? ¿Cómo apoyar a esas personas que han convertido su vida en un estado de indefensión aprendida? En los experimentos que se han ido realizando sobre esta cuestión, se ha comprobado la importancia del efecto básico de la inmunización. Es decir, los perros a los que previamente se les había enseñado a escapar de las descargas saltando no reaccionaron igual que los que se encontraron de golpe recibiendo descargas y sin huida posible. Estos últimos enseguida cayeron en la indefensión aprendida. Los primeros, en cambio, se habían inmunizado, con lo cual redujeron o anularon el aprendizaje de la indefensión. Esto explicaría por qué ante unas mismas causas o experiencias, pueden producirse respuestas de inmunización o de indefensión. La clave está en el modelo cognitivo de la indefensión aprendida. Nuestras creencias generan el poder que tengamos sobre nuestras acciones.

Así pues, es preciso inmunizar, inmunizarnos. Eso solo se logrará tomando la vacuna adecuada, dosis a dosis, lo que implica aprender nuevas conductas y nuevos recursos, el más útil de los cuales probablemente sea el desarrollo de la voluntad a partir de la autodisciplina. Cuando uno va al gimnasio por primera vez o después de un largo periodo de inactividad física, no puede pretender comenzar soportando los pesos y los ejercicios más duros. Empezará con un nivel de dificultad acorde con la capacidad que muestra en ese momento e irá aumentándola progresivamente. Es lo que todos los expertos en motivación han descifrado sobre nuestro proceder volitivo: las metas más eficaces y motivadoras son las que tienen un carácter específico, a corto plazo, y provocan cierto desafío asumible.

Añadamos a todo ello la inestimable colaboración de aquellos que pueden erigirse en unos buenos modelos, o que tienen la capacidad de inmunizar los demás. Sea un entrenador, un psicólogo, un maestro o unos padres concienciados, hay que apoyar el paso del no puedo al puede que pueda; del puede que pueda al puedo y del puedo al quiero.

Resumiendo, el modelo cognitivo de la indefensión aprendida postula que cada vez que el individuo experimenta una situación aversiva incontrolable se produce «indefensión» y/o trastornos depresivos, más o menos normales, pero generadores de una vulnerabilidad mayor en el futuro. Así, cuando esta sensación de indefensión se expande a múltiples situaciones diferentes, se suele desarrollar un «estilo atribucional típicamente depresivo», caracterizado por estas atribuciones globales, internas y estables para todos los fracasos (sobrevaloración de los sucesos negativos) y atribuciones específicas, inestables y externas para los propios éxitos (devaluación de las situaciones positivas). Con ello se inicia un proceso que puede conducir a la persona a un túnel de depresión clínica.

Con el modelo de la indefensión aprendida puede explicarse el comportamiento depresivo humano resultado de múltiples situaciones traumáticas incontrolables, como el fracaso escolar, violación o abusos sexuales y adquisición de enfermedades de gran riesgo. También permite estudiar los componentes o factores cognitivos determinantes de su adquisición, especialmente las expectativas y el estilo atribucional típicamente depresivo y tratar de desarrollar técnicas eficaces que encaucen este comportamiento. Como ya se ha comentado anteriormente, la clave para resolver progresivamente estas situaciones consiste en la inmunización, esto es, el aprendizaje de nuevos recursos de respuesta ante las situaciones de indefensión.

No todas las situaciones desagradables e incontrolables tienen por qué ser descargas eléctricas, ruidos fuertes, traumas familiares y otras causas de profundo malestar. El ya citado Johnmarshall Reeve tiene un interesante punto de vista referido a la «holgazanería aprendida». Según este autor, algunas investigaciones evaluaron la hipótesis de que la indefensión positiva podría producirse por un acontecimiento positivo incontrolable. Se plantearon, por ejemplo, qué pasaría si un animal recibiera recompensas de forma continuada y aleatoria, sin que dependiera de su conducta.

Pusieron a tres grupos de palomas en tres condiciones experimentales diferentes: a unas se las entrenó para recibir comida si daban la respuesta adecuada. A otras, les daban exactamente la misma comida independientemente de su conducta. Al grupo tercero, o grupo de control, no se les entrenó para realizar la respuesta adecuada. En la segunda fase, se asignaba a todas las palomas la misma tarea: para obtener la comida tenían que aprender a dar con el pico a una luz encendida. Se trataba de comparar el número de ensayos que tardaban las palomas en aprender la conducta necesaria para conseguir la comida. El resultado es imaginable. Las palomas «holgazanas», aquellas que eran recompensadas sin importar lo que hicieran, tardaban significativamente más tiempo en aprender la relación respuesta-resultado que las palomas del primer grupo. También lo hicieron antes las del grupo de control.

Trasladando este tema a situaciones más cotidianas, Reeve concluyó: «Creo que todos podemos observar casos de holgazanería aprendida cuando, por ejemplo, un niño se ve rodeado de atención, juguetes y chucherías. Si al niño se le dan premios al azar y sin correspondencia alguna con su conducta, entonces puede comenzar a dejar de esforzarse para obtener recompensas como hacer los deberes, ayudar en tareas domésticas o limpiar su habitación. El niño sabe que, haga lo que haga, recibirá atención y juguetes.»

Otro atrevido ejemplo sería el caso de las personas atractivas, muy competentes o muy inteligentes. Las personas muy atractivas reciben atención y alabanzas constantemente, al margen del esfuerzo que realicen. Cuando alguien percibe que el refuerzo no depende de su conducta, entonces puede empezar a plantearse la necesidad de esforzarse por llamar la atención de los demás por ser aceptado o incluso por ser educado. Sea cual sea su actitud, siempre caerán bien a los demás y siempre obtendrán recompensa de ellos. Ello podría ofrecer alguna pista sobre por qué algunas personas físicamente atractivas se sienten atraídas por quienes apenas les hacen caso. Aunque, si se lo ponen demasiado difícil, preferirán volver a su cómoda holgazanería aprendida.

MALDITAS EXPECTATIVAS

Los alumnos que asistíamos asiduamente a los encuentros con el maestro Oriol Pujol sabíamos que tarde o temprano aparecían sus famosos principios de vida. Anteriormente ya he mencionado uno de ellos: «Todo con ilusión, nada por obligación.» Pero, por supuesto, no era el único: «Grandes expectativas, grandes fracasos.» Con ello se refería a nuestra tendencia a crear proyecciones de futuro tan elevadas, tan inalcanzables a veces, tan dependientes de factores externos, que lo más probable es que acaben en frustración. Recuerdo el brazo de Oriol levantándose como si quisiera alcanzar el cielo, para luego dejarlo caer a ras de suelo como indicativo del fracaso. Con ello significaba que las expectativas siempre vienen de arriba para acabar dentro de nosotros, es decir, son como obligaciones o mandatos que esperan ser llevados a cabo.

Nuestras vidas andan llenas de expectativas de las que en muchos casos no somos conscientes hasta que de repente se produce un vacío, un desequilibrio, el malestar suficiente para indicar que lo ocurrido no coincide con lo esperado. He podido constatar que no solo de grandes expectativas vive el ser humano, sino también de cantidades considerables de «pequeñas expectativas» que pueden tener la capacidad de arruinar un buen día. Esa persona que esperabas que te llamara y no lo hace. Ese regalo que nunca llegó. Un cambio de planes de última hora. La ilusión que esperas encontrar en la mirada del otro. El abrazo que nunca se recibió. El plato tan esmeradamente preparado que se tuvo que guardar.

Muchísimas veces y sin darnos cuenta construimos expectativas que son nuestras y de nadie más. No obstante, el mero hecho de habernos implicado en ellas, de haberlas considerado buenas, apropiadas o «normales», parece darnos derecho a exigir explicaciones o, al menos, algún tipo de disculpa o desagravio. Cuesta aceptar que las supuestas obligaciones de los demás nacen precisamente de nuestras expectativas.

Con frecuencia las relaciones se enturbian por este motivo. Se espera demasiado del otro o, por lo menos, se espera que haga lo que se supone que debe hacer, más aún si se ha comprometido a ello. Pero el otro, claro, siempre es el otro. No hace las cosas, ni las piensa, ni las siente como nosotros mismos. Lo que nos puede parecer razonable, lógico, habitual, normal, adecuado o necesario, puede que no lo sea para el otro. O tal vez, aun estando de acuerdo en el fondo, no lo es en la forma. El otro siempre es el otro. Ese es el misterio y la grandeza de la alteridad, y por eso la palabra nos indica el carácter alterador que tiene el otro para uno mismo. De ahí que las relaciones, del tipo que sean, exijan una comprensiva y compasiva capacidad de reconocer al otro tal como es, y no como quisiéramos que fuera. Por ahí patinan muchas expectativas. También lo hacen las promesas de cambio que nunca se cumplen.

Muchas personas suelen rebelarse ante la idea de vivir sin demasiadas expectativas, por no decir ninguna. Asocian expectativa con ilusión, con proyecciones de futuro, con esperanzas de logro, con sentido en la vida. No cabe duda de que la ilusión es un motor excelente para la realización personal. No obstante, a veces debemos distinguir entre vivir con ilusión y vivir de ilusiones. No es lo mismo. La ilusión es un estado del ser, fruto del gozo y la gratitud de vivir; es consecuencia de nuestras relaciones y un estímulo motivador para conquistar nuestros objetivos. Sin embargo, eso ocurre siempre en presente.

La ilusión por un proyecto, la plenitud que nos alcanza ante algo maravilloso que nos ocurrirá, se siente en presente y forma parte de él. La intensidad y duración de ese estado es impermanente. La alegría se reconoce y se celebra, pero no se fuerza su permanencia, ni se le puede exigir que brote cuando nos apetezca. Las emociones son así de imprevisibles. Abandonar toda expectativa es precisamente el sano ejercicio de dejar de esperar. Es abrir la puerta a la experiencia real y no a la proyectada. Es bendecir lo que es y no empujar lo que debería ser.

Gran parte del problema se debe al hecho de haber asignado linealidad al tiempo, es decir, al movernos a través de él (pasado-futuro), lo que nos aleja de la capacidad de centrarnos en la realidad presente. Absortos en nuestros pensamientos y charlas mentales, perdemos la perspectiva del aquí y el ahora, lo único que existe de veras y que puede proporcionarnos un flujo incesante de beneficios. No tener expectativas no es falta de ilusión, ni actitud pasiva, ni reprimir las ganas de eternizar nuestras plenitudes. Simplemente es vivir de forma acorde con el movimiento natural de la existencia. Si vivimos con alegría, todo será recibido de la misma forma. Si nos acompaña la ilusión de vivir, no necesitamos proyectar nada. No hace falta cargarse de expectativas, no vaya a ser que debido a ello se apague la ilusión.

Desde un punto de vista de la psicología cognitiva, la expectativa se define como la evaluación subjetiva de la probabilidad de alcanzar una meta concreta, basándose fundamentalmente en la experiencia previa. Albert Bandura, uno de los psicólogos que suscribió el paso de una orientación conductista hacia la cognitiva, popularizó la distinción entre:

- **Expectativas de eficacia**
- **Expectativas de resultado**

Las primeras representan el juicio de uno mismo sobre si será capaz de realizar una conducta en particular. El segundo tipo comprende la valoración que uno mismo realiza de si la conducta, una vez realizada, tendrá un resultado concreto.

Para los que somos formadores en hablar en público, sabemos de la resistencia de las personas a realizar dicha actividad, ya que sus expectativas —tanto las de eficacia como las de resultado— son negativas. No creen que puedan hacerlo ni que consigan despertar ningún interés.

Cabe, no obstante, la posibilidad de observar la teoría de la expectativa por valor, es decir, el grado de satisfacción que la persona pueda obtener potencialmente de un estímulo ambiental. Un estímulo se valora positivamente cuando una persona prefiere tenerlo a no tenerlo, y a la inversa, será valorado negativamente si se prefiere no tenerlo a tenerlo. Sin embargo, las cosas no son tan simples como escoger entre el blanco y el negro. Lo que nos atrae puede tener valores diversos:

- **Intrínseco** (por el simple placer de realizar una actividad).
- **Dificultad** (placer por dominar una actividad o habilidad).
- **Instrumental** (satisfacción derivada de cumplir con una tarea necesaria para obtener una meta futura).
- **Extrínseco** (recibir una nómina o un premio).
- **Cultural** (admiración social).

Nada, que no vamos a librarnos de las malditas expectativas.

LAS ATRIBUCIONES DE CAUSA

Después de un tiempo sin vernos, quedé con una pareja a quien conocía desde hacía años. Los tres íbamos charlando hasta que paramos en una gasolinera. Ella, que iba al volante, bajó del automóvil para llenar el depósito. Al poco rato de estar parados, observé que su marido no lograba seguir mi conversación porque no cesaba de mirar por el parabrisas posterior. Yo mismo, en un acto reflejo, miré hacia atrás y vi que su esposa estaba hablando animadamente con el empleado de la gasolinera. Unas risas, unas palmaditas y un beso final.

Al volver al vehículo, reemprendimos la marcha en medio de un silencio sepulcral. Lo rompió él para decirle algo que me pareció muy sucinto, aunque no del todo adecuado:

—Cariño, ¿no tienes nada que contarme?

Ella pareció volver de una ensoñación.

—¡Ah! ¿Lo dices por Paco? Fíjate tú, qué casualidad. No lo había visto desde la época del instituto. ¡Menudo gamberro estaba hecho! Qué curioso haber coincidido con él aquí.

Volvió el silencio. Al cabo de un rato, hubo otro comentario, aún más impertinente que el anterior:

—¿Te das cuenta, querida? Si te hubieras casado con él, hoy serías la mujer de un empleado de gasolinera.

La rápida y aguda mente de su mujer no tardó en dar la respuesta:

—Disculpa, cariño —dijo con sorna—. Si me hubiera casado con él, gracias a mí hoy sería director general, como tú. ¿Entiendes?

Con qué facilidad las personas atribuimos causas a las cosas. Probablemente sea uno de nuestros entretenimientos favoritos. Disponemos de la facultad de teorizar y con ello hacer «predicciones». Buscamos descubrir por qué ocurren los acontecimientos, sobre todo aquellos que afectan a nuestra vida. Tal vez por ello, los psicólogos escuchamos a menudo a nuestros pacientes preguntar sobre el porqué de sus angustias. La necesidad de encontrar explicaciones a las cosas se produce, ante todo, para averiguar las causas de los resultados inesperados. Si uno espera suspender un examen, y suspende, es un resultado previsto que no constituye misterio alguno.

Como estudió el científico Jeff Hawkins, el cerebro observa y construye patrones, los almacena y toda nueva información se relaciona con el resto. Pero para que eso ocurra es necesario que exista, además de un cerebro funcional capaz de establecer relaciones. Ese eres tú, soy yo, somos todos. El resultado final es que hacemos atribuciones de causa y construimos creencias.

Lo curioso del caso es que partimos siempre de un supuesto erróneo: que existe un origen o principio que causa las cosas. Porque sucedió esto, pasó aquello. En el plano más simple y superficial se entiende que observemos la realidad como una suma de contingencias. Sin embargo, una mirada más profunda nos permitiría descubrir la enorme interrelación entre todas las cosas, lo que conlleva que no exista un principio de nada, sino una continuidad de interacciones en movimiento que arroja resultados. Podemos acceder a lo que ha sucedido, los hechos, pero la cadena de sucesos que se han concatenado para que algo tenga lugar es inimaginable.

Se entiende, por supuesto, que si tuviéramos que entretenernos en tejer lo que antecedió a cada hecho de nuestra existencia, no solo no acabaríamos nunca, sino que alcanzaríamos el big-bang, y ni siquiera ahí se acabaría la historia. En lugar de eso, preferimos reducir, simplificar toda experiencia y resumirla en una etiqueta, a lo sumo un par de ellas. Juan y María se separaron porque ya se venía a venir que los dos no estaban enamorados. Así zanjamos el tema. Asunto cerrado. La pasmosa facilidad con que atribuimos causas acaba siendo un acto de injusticia, entre otras cosas, porque juzgamos muchas veces sin atender a los contextos, generadores de muchas situaciones, y a la naturaleza de cada relación, su momento, su historial.

El excelente trabajo de Montserrat Moreno y Genoveva Sastre, profesoras eméritas del Departamento de Psicología Básica de la Universidad de Barcelona, sobre cómo construimos universos, pone en evidencia que estructuramos nuestra vida tomando como referentes nuestros modelos organizadores. Estos se basan en cómo las personas, según los datos que seleccionen del entorno y el significado que les atribuyan, experimentarán un tipo u otro de sentimientos. Esto los liga de manera indisoluble a su propia construcción, es decir, se implican en ella, habitan en ella. De ahí que sea tan importante tomar conciencia de nuestro universo de creencias, porque deviene el constructor de lo que más va a influir en nuestra realidad.

La abstracción de un dato y la atribución de significado se dan simultáneamente, ya que sin significado no existiría el dato como tal. Lo interesante es que la propia elección de datos parte ya del modelo organizador establecido, con lo cual lo que solemos hacer es confirmar aquello lo que ya suponíamos. Por suerte, los modelos organizadores son dinámicos y funcionales, manteniéndose en un proceso constante de evolución, siempre que no provengan de una mente rígida u obsesiva que gire continuamente sobre su propio eje.

A la hora de abordar el tema de las atribuciones de éxito o fracaso, lo cual se relaciona claramente con el tema de este libro sobre el esfuerzo y la vinculación con la indefensión aprendida, muchos autores distinguen entre las causas internas, que se encuentran dentro de la persona (personalidad, inteligencia, habilidad, esfuerzo, estrategia) y las causas externas, que se encuentran en el entorno (el tiempo, la influencia de otras personas o el nivel de dificultad de una tarea). No obstante, las posibles causas de éxito o de fracaso también varían según su consistencia o estabilidad. Algunas atribuciones son relativamente estables en el tiempo (inteligencia, habilidad, personalidad, por ejemplo), mientras que otras se muestran más cambiantes y, por tanto, son inestables.

Los estudiosos de la atribución de causas han puesto

de manifiesto tres de los principales sesgos o errores que se suelen producir en estos procesos:

Atribuir factores de personalidad o internos:

Tal vez el predominante a la hora de explicar la conducta de los demás. Cuando nos han tratado muy bien en un centro comercial, por ejemplo, solemos catalogar al dependiente como una persona simpática, amable, educada o en posesión de unas habilidades sociales extraordinarias. Sin embargo, no se nos ocurre pensar que simplemente está haciendo bien su trabajo, o cerrando una venta de manual.

Causas externas o de la situación para explicar nuestras propias conductas:

¿Cómo solemos justificar nuestras conductas? Obsérvalo un instante. ¿Con qué argumentos defendemos lo que nos ocurre? Una gran parte de la argumentación se basa en demostrar hasta qué punto determinadas circunstancias externas explican nuestro comportamiento. Si llegamos tarde, por ejemplo, nos disculpamos diciendo que el tráfico estaba imposible. Pero ¿pensamos lo mismo si el que llega tarde es el otro? Muchas veces consideramos que es un irresponsable, un impuntual o sospechamos toda clase de perversas intenciones por las que ha llegado tarde.

El «sesgo egoísta»:

Recibe este nombre debido a que las personas tienden a hacer una atribución interna después de un éxito y a hacer una atribución externa después de sufrir un revés. Cuando las cosas no nos salen bien, buscamos con avidez en el entorno lo que puede haber causado el fracaso. En cambio, presumimos de nuestros méritos cuando hemos alcanzado un éxito. Por lo visto, hay personas que quieren proteger a toda costa su autoestima y preservan así una autopercepción positiva. Lo curioso del caso es que las personas con problemas de autoestima, con pensamiento de tipo depresivo o metidas de lleno en la indefensión, siguen la estrategia opuesta. Cuando tienen un éxito, lo atribuyen a causas externas (suerte, buen tiempo, escasa dificultad) y en cambio se atribuyen internamente los fracasos, que siempre se achacan a sí mismos.

Las personas que hacen atribuciones generales de sus fracasos tienden a tener peor rendimiento en tareas futuras que las personas que hacen atribuciones específicas. Por lo que observamos en la indefensión aprendida, algunas personas desarrollan una actividad cognitiva anormalmente alta, es decir, están pensando excesivamente en la tarea al mismo tiempo que la realizan. Dicha observación les produce estados de ansiedad, autocrítica, dudas referidas a uno mismo e inseguridades. Esos pensamientos negativos se entrometen en la tarea y pueden arruinarla y, lo peor, crear esa sensación de ingobernabilidad e indefensión. Por ahí se cuelan el fracaso escolar, las dificultades de encajar en el entorno laboral o la incapacidad para articular una relación personal.

Es muy interesante acercarse a las teorías atribucionales porque, como he indicado, en última instancia exploran la explicación que damos a los datos y acontecimientos que ocurren en nuestra vida. En su conjunto, conforman un modelo de mundo, un mapa, que será en el que habitaremos. Sin embargo, conviene saber que estas teorías cuentan también con sus detractores. Por ejemplo, hay quien defiende que las personas no suelen hacer atribuciones espontáneas para explicar los resultados de los acontecimientos de sus vidas. Dicho de otro modo, que el hecho de hacer atribuciones no implica determinada conducta. Todos sabemos, por ejemplo, que cuando va a haber elecciones se manejan múltiples argumentos y se atribuyen causas a los candidatos. Escuchar a los ciudadanos durante las campañas es escuchar múltiples opiniones acompañadas de cierta radicalidad o de un creciente malestar que, a la hora del voto, se traduce en conservadurismo. Muy revolucionarios de palabra, pero muy prudentes en el voto. Somos así de complejos e inesperadamente cambiantes.

LAS TRAMPAS MENORES DE LA MENTE, PERO LAS MÁS MOLESTAS

Hasta aquí he ido presentando las grandes trampas de la mente humana cuando se trata de abordar nuestras voluntades y motivaciones. Ahora quisiera dedicar este último apartado a otras trampas, tal vez menos llamativas, aunque igualmente responsables de nuestras zozobras. Son juegos a los que nos entregamos con frecuencia, disculpas y justificaciones que encontramos para demorar o evitar aquellas conductas que pueden causarnos malestar.

Como ya he expresado al principio, la voluntad es una manifestación clara y sin esfuerzo de lo que queremos y de lo que no queremos. Sin embargo, cuando llega el momento de querer lo que no queremos, es decir, cuando se impone pasar del no al sí, es necesario un proceso que consiste fundamentalmente en vencer nuestras resistencias. También hemos visto que el deseo comporta un precio que no siempre estamos dispuestos a pagar, de ahí que surjan también resistencias. Lo extraordinario del caso es que no siempre somos plenamente conscientes de esas resistencias. Por eso, algunas estrategias de nuestra mente van encaminadas, inconscientemente, a camuflar nuestra lucha interior entre lo que queremos y las excusas que nos ponemos.

Postergar el momento de empezar:
«Necesito tenerlo claro.»

Muchas personas demoran el momento de iniciar una actividad, tomar una decisión u afrontar un problema o conflicto justificándose en que aún no es el momento, que no están preparadas, que necesitan más información, que no ha llegado la hora, que cuando lo tengan claro ya lo harán. Todo ello se traduce en que lo más probable es que acaben por no hacerlo nunca.

Cabe hacerse una pregunta: ¿Cuándo vamos a tenerlo claro? ¿Existe alguna cosa que esté clara al cien por cien? Algunas personas buscan más allá de sí mismas esa seguridad de la que carecen. No obstante, ¿hay alguien que tenga toda la seguridad sobre su vida? A lo sumo confiamos en que las cosas salgan adelante, que sabremos manejarlas o que las resolveremos como buenamente podamos. Gran parte de nuestros aprendizajes proceden de la experimentación directa, no por haber leído o pensado mucho sobre ellos. Cuando pretendemos «verlo claro» debemos, a la vez, establecer en qué ha de consistir esa claridad y sobre todo dónde están los límites, es decir, cuándo se va a tomar la decisión se vea o no se vea más claro. De lo contrario, ese «verlo claro» se pierde en el tiempo, se espera que algún día llegue una especie de iluminación procedente del cielo que nos abra la mente de par en par.

La voluntad de querer ver las cosas claras o el hecho de postergar el momento de empezar con múltiples justificaciones (la más popular «ahora no es el momento») es una resistencia que conviene revisar. Si no es ahora, ¿cuándo? Si no es aquí, ¿dónde? Hay que empezar por donde estamos. Reconocer lo que es. Y si el punto de partida son nuestros miedos, pues empecemos por ellos. Postergar las cosas es dejar de vivir el presente, el único lugar por el que se empiezan las cosas.

Las dudas y la confusión

Como parientes cercanas de la resistencia anterior, las dudas son la gran justificación para demorar nuestras decisiones. ¿Cuántas cosas has empezado sin tener duda alguna? Probablemente encontrarás algún ejemplo, pero no muchos. Dado que no podemos controlar los eventos futuros, la incertidumbre forma parte del paquete existencial.

Una de las claves para entender el mundo de hoy es la obsesión por encontrar anclas de seguridad, certezas absolutas, claridad de futuro, bases sólidas en las que asentar nuestra vida. Es una reacción defensiva ante un mundo que deviene cada vez más incierto e inseguro, rodeados de sorpresas continuas, de accidentes, de golpes de suerte y de infortunio, de fragilidad, de vulnerabilidad. Tal como lo expresa Woody Allen en uno de sus filmes, la gente tiene miedo de reconocer que gran parte de la vida depende de la suerte. ¡Asusta pensar cuántas cosas escapan a nuestro control!

El fenómeno de las dudas adopta, cuanto menos, dos formas. La primera consiste en la duda curiosa, la que permite poner en tela de juicio las cosas «tal como son». Esta forma de curiosear ha permitido el progreso y auspicia el método científico. Aristóteles proclamó que «la duda es el principio de la sabiduría». Consideramos que una actitud inteligente ante la vida es poner en entredicho las supuestas grandes verdades que la gente vocifera a diario, así como aquellas que nosotros mismos defendemos a capa y espada.

Sin embargo, están las dudas que nacen de nuestros miedos y su gemela, la confusión. Permanecer en la duda acaba resultando extenuante y se convierte en una bomba de relojería para nuestra autoestima. Acabamos instalados en ese autoconcepto denominado «falta de seguridad» o personalidad insegura. Y cuando nos convencemos que somos así, la fastidiamos. A partir de ese momento no tendremos otra dedicación que evitar tomar decisiones, evitar afrontar problemas, evitar que existan expectativas sobre nosotros y sobre nuestras capacidades. Es vivir evitando en lugar de vivir logrando. Es vivir recordándonos a diario lo mal que lo hacemos todo. ¿De qué sirve tanto discurso mental? No cabe duda, es funcional. Le da alas a la resistencia a actuar. Sirve para quedarse parado.

El miedo al fracaso

Si concretamos la duda en miedo, ¿de qué miedo estamos hablando? Existen muchas formas de miedo, aunque seguramente el que más atañe al tema que estamos tratando es el miedo al fracaso. Si el miedo forma parte de nuestro equipo básico de supervivencia, el miedo al fracaso pertenece a las emociones 2.0, es decir, a las consideradas como sociales. Es un miedo que se entiende si se entiende nuestra forma social de organizar la vida, esto es, con y ante los demás. El fracaso está vinculado a la crítica, juicio o valoración de los demás. Es un miedo a decepcionar, a mostrar nuestras incompetencias y, para algunos, a no ser los primeros o los mejores.

Es cierto que también podemos sentirnos decepcionados con nosotros mismos, que podemos vincular el fracaso no solo a la crítica exterior (la que más duele), sino también a nuestras propias expectativas y retos. No obstante, al margen de los disgustos que puede conllevar no lograr nuestros propósitos, lo que ahora nos interesa observar es la evitación de la conducta por un supuesto miedo al fracaso. Uno compite y es posible que no gane, incluso que quede el último. Pero compite. Muchas personas, en cambio, ya ni salen de casa. Esas son las que utilizan el supuesto miedo al fracaso como resistencia.

Lo mismo cabe decir de los que padecen obsesión perfeccionista. Es cierto que a muchas personas les gusta hacer las cosas bien hechas, muy bien hechas, y las hacen. Muchas otras utilizan la excusa del perfeccionismo como justificación para no hacer nada. Es otra forma de resistencia de la mente ante nuestros deseos.

«Si no fuera por...»

El profesor Eric Berne, creador del PAN —método del análisis transaccional—, fue también uno de los pioneros en hablar sobre los juegos mentales a los que nos entregamos. Uno de los más destacados es el «si no fuera por...», referido a las justificaciones de nuestra conducta que empiezan por esa manida frase. ¡Cuántas cosas haríamos si no fuera por...!

En nuestras conversaciones sociales utilizamos a menudo el «si no fuera por...» a fin de justificar el no poder o no querer quedar con ciertas personas o para demorar un encuentro imposible. Hasta aquí se puede entender como una estrategia comunicativa. Sin embargo, la resistencia a afrontar algunas situaciones que son de nuestra entera responsabilidad se basa también en el «si no fuera por...». De esta manera quedamos, se supone, como unos reyes ante los demás, que para colmo se compadecen de nuestras tribulaciones. En cambio, los que observamos la conducta humana no podemos obviar esta estrategia como una verdadera resistencia.

Existe una variable del «si no fuera por» que consiste en destacar los múltiples compromisos que tenemos. En un mundo tan ajetreado como el que vivimos, se entiende que las agendas saquen humo. Hasta ahí no hay problema. Todo cambia cuando la simple idea de los muchos compromisos que tenemos se convierte en la justificada resistencia a afrontar tanto lo que deseamos como lo que tememos. Incluso ahí podríamos añadir el juego de «mira lo que hago por ti», otra forma de escudarse en los demás para no hacer lo que nos corresponde.

El cansancio

Es un hecho que nuestra energía tiene un límite y que las pilas no duran indefinidamente. No obstante, una observación más atenta podría dar otra explicación a nuestros cansancios: no estamos a gusto haciendo lo que hacemos. Cuando las cosas se hacen por obligación cansan tres veces más. Cuando no estamos concentrados o cuando no fluimos con la actividad, el agotamiento hace en seguida acto de presencia.

Los que nos dedicamos a la formación en crecimiento personal, podemos salir de una sesión de ocho horas con las energías renovadas o quedar para el arrastre. ¿Dónde reside la diferencia? Sin duda en el fluir, en la conexión con el grupo, en la capacidad de nutrirnos energéticamente por ambos lados. Ocurre todo lo contrario cuando el grupo y el docente han andado a la greña, cuando toda la sesión ha sido una lucha entre resistencias de unos y otros. Uno puede acabar agotado pero feliz, o puede empezar ya cansado.

Cabe observar entonces el cansancio como una resistencia inconsciente. Una manifestación de nuestro cuerpo que capta la intención de la mente. ¡Cuántas personas evitan tareas indeseadas escudándose en lo cansadas que están! Cuando escuchamos una conversación que no nos interesa o nos proponen actividades temidas, aparecen de golpe bostezos, sueño, cansancio. Son respuestas corporales que informan de nuestras resistencias.

Las distracciones

Poco a poco hemos ido asumiendo la idea de que no existen casualidades sino causalidades. Ahora podríamos añadir que tampoco existen distracciones casuales. Dejando aparte a las personas que sufren auténticos problemas o déficits de la atención, una parte considerable de nuestras distracciones también tienen que ver con nuestras resistencias. Tal vez no nos interesa lo que ocurre; tal vez nos moleste pero no lo digamos; tal vez sea demasiado intenso emocionalmente; tal vez sea muy conflictivo. Puede obedecer a muchas causas, el caso es que nuestra respuesta es la distracción.

Entre las patrañas de nuestro inconsciente existe la capacidad de «desconectar». Es fácil irse del presente cuando este no nos gusta o cuando ya estamos hartos de él. Nos vamos al pasado o al futuro, sobre todo al futuro. Y nos vamos con la imaginación. Penetramos en el reino de las posibilidades o bien nos sumimos en nuestros pensamientos privados, bien cambiamos de conversación, bien focalizamos la atención en cualquier otra parte que no sea la que estamos «soportando». Y no solo ante los malos rollos. También hay momentos intensos que no logramos soportar.

La irritación

¿Siempre que estamos enfadados existen razones para ello? ¿Seguro? ¿No podría darse el caso que nos irritemos como estrategia disuasoria? Muchos enfados tienen su origen en nuestro propio interior, en la manera de responder a situaciones que no queremos afrontar, es decir, que nos resistimos a ellas.

La estrategia de la irritación ha sido durante mucho tiempo la manera de lograr cosas. Una mala manera, claro. A base de enfados se logra que los demás lleguen a temerte y, por lo tanto, te importunen lo menos posible. Así uno se acostumbra, más o menos, a hacer lo que viene en gana y a sacar las uñas cuando no es así. Falta mucha asertividad.

No obstante también podemos observar a personas que, cuando están a las puertas de conseguir lo que se han propuesto, lo arruinan todo por encontrar un motivo de enfado. Algunas bodas se han tenido que aplazar, como ejemplo, por entrar en crisis al último momento. ¿Qué ocurrió? Se encontró cualquier excusa para irritarse tanto que la relación se malogró. Por suerte, los veteranos suelen reconducir el tema: saben que son resistencias al compromiso.

Resumen del capítulo

• Uno de los aprendizajes que llevamos a cabo las personas es determinar hasta qué punto nuestras conductas influyen o no en los resultados de los acontecimientos. Hay cosas que parece que podemos controlar y muchas otras que no. Cuando las personas aprenden que los resultados deseados no dependen de su conducta voluntaria, desarrollan la «indefensión aprendida».

• La indefensión aprendida engloba los siguientes elementos:

  – Una condición o causa precedente.
  – Una experiencia aversiva incontrolable.
  – Una serie de cambios en el comportamiento que impiden el aprendizaje de nuevas tareas: déficits cognitivos (elaboración del pensamiento), motivacionales, emocionales y fisiológicos.

• Una persona que vive una serie de consecuencias aversivas independientes de su comportamiento, es decir, una situación incontrolable, llega al convencimiento de que en el futuro tampoco existirá una relación entre sus respuestas y las consecuencias de estas. Es como decir que haga lo que haga, no servirá de nada. Estará convencida que sus conductas son inútiles.

• «Grandes expectativas, grandes fracasos.»

• Cabe distinguir entre:

- Expectativas de eficacia (juicio de uno mismo sobre si será capaz de realizar una conducta en particular).
- Expectativas de resultado (valoración que uno mismo realiza de si la conducta, una vez realizada, tendrá un resultado concreto).

- En la expectativa por valor, se suelen distinguir:

  - Intrínseco (por el simple placer de realizar una actividad).
  - Dificultad (placer por dominar una actividad o habilidad).
  - Instrumental (satisfacción derivada de cumplir con una tarea necesaria para obtener una meta futura).
  - Extrínseco (recibir una nómina o un premio).
  - Cultural (admiración social).

- Tres de los principales sesgos o errores que se suelen producir en los procesos atribucionales:

  - Atribuir factores de personalidad o internos.
  - Causas externas o de la situación para explicar sus propias conductas.
  - El «sesgo egoísta».

- Las trampas menores de la mente, pero las más molestas:

  - Postergar el momento de empezar: «Necesito tenerlo claro.»
  - Las dudas y la confusión.
  - El miedo al fracaso.
  - «Si no fuera por...».
  - Demasiados compromisos.
  - El cansancio.
  - Las distracciones.
  - La irritación.

QUINTA REFLEXIÓN:
Si alguien puede hacerlo, todos podemos

LA CONDUCTA MOTIVADA

Todo acaba siendo una cuestión de motivación. De nuestras nadas emerge una tendencia, una inclinación, llamémosle «un movimiento hacia». En nuestra engañosa búsqueda de los principios de todo, podríamos preguntarnos sobre qué fue primero. ¿Qué es lo que empujó al movimiento? Sabemos que, una vez iniciado, todo es caminar. Pero la pregunta sigue ahí, inquietante. ¿Qué ocurrió para que se iniciara el movimiento? ¿Cuál fue el impulso que llevó la mano a buscar el cigarrillo para el fumador? ¿Y ese impulso de comer lo indebido? ¿Siempre es por el mismo motivo? ¿Qué inclinó la balanza hacia un color o hacia otro? ¿Qué ocurrió para que hoy nos quedáramos en casa? ¿Cómo fue que dejamos de querer a esa persona? ¿Cómo es que ahora amamos a esa otra?

Hemos visto cómo en la motivación humana intervienen dos factores: la activación y la dirección. La motivación autorregulada, cuenta Johnmarshall Reeve, generalmente surge de intereses, necesidades y reacciones personales, intrínsecas al propio comportamiento. Eso les ocurre, como veremos, a las personas competentes, orientadas al logro, cuya voluntad de serlo les motiva. En cambio, los aspectos del ambiente (agentes externos) aportan la motivación necesaria para realizar o no la conducta. Los motivadores extrínsecos pueden considerarse «construcciones» sociales que no tienen mucho que ver con nuestras necesidades naturales.

La distinción entre motivaciones internas y externas también se manifiesta en lo que llamamos «mecanismos», que desde este punto de vista se dividen en dos grandes grupos:

Intraorganísmicos: sistemas biológicos que actúan juntos para iniciar, mantener y poner fin a nuestras pulsiones o déficits fisiológicos (por ejemplo la falta de agua, alimento o sueño). Crean una necesidad corporal que busca incesantemente su regulación.

Extraorganísmicos: los sistemas no-biológicos que regulan las conductas orientadas hacia una meta manifiesta de comer, beber, hacer el amor y evitar el dolor. Cada una de estas conductas tiene fuertes influencias cognitivas, ambientales, sociales y culturales.

Las investigaciones actuales en el campo de la motivación humana suelen evitar la expresión de «orientación al logro». Prefieren hablar de competencia, ya que la idea del logro parece referirse a una concepción demasiado individualista y competitiva del ser humano que no se aleja de la diversidad y los valores predominantes en el mundo actual. Hablar de logro es hablar de la propensión a ser eficaz y a conseguir los resultados con un cierto nivel de excelencia. Una actitud que tal vez nos evoque esos héroes míticos griegos que con su coraje, habilidades y esfuerzo lograban superar los más altos obstáculos.

Hoy, en cambio, preferimos la interdependencia, la capacidad de cooperar, de trabajar en equipo cohesionados. Por eso es tan importante no ser solo eficaz o habilidoso, sino sentirse competente, lo que a mi modo de ver incluye también competencias personales. En la actualidad se valora tanto el coeficiente intelectual como el emocional; se habla de inteligencia social e incluso espiritual. De ahí que exista un salto tan espectacular entre la realidad pedagógica y la realidad profesional y social. Esos jóvenes adultos «más que de una universidad, parece que salgan de una guardería», tal como oí decir en un congreso de empresarios.

La sensación sobre la propia competencia es, pues, uno de los determinantes típicos de la motivación y la perseverancia en una tarea. Más que centrar la atención en el logro, la clave es desarrollar el sentido de competencia, en el que se incluye el papel de lo afectivo y las estrategias para conseguir un mayor bienestar personal. Cuando podemos permitirnos el lujo de escoger un empleo, lo más probable es que la elección tenga en cuenta el hecho de que seamos valorados por nuestras competencias (profesionales y humanas). Sentirse competente enfatiza emociones positivas, optimismo e incluso salud.

La voluntad de unos padres de reforzar a un hijo o hija ante lo que hace bien caerá en saco roto si el concepto que tiene este de sí mismo es que todo lo hace mal, o que le cuesta o que los otros lo hacen con más facilidad. Tiene que ser él mismo el que otorgue valor a sus éxitos y sienta el impulso de repetirlos. Sin menospreciar los intentos de refuerzo, conviene tener en cuenta que deben orientarse adecuadamente. Es mejor premiar las buenas sensaciones («¿cómo te sientes ahora que lo has logrado?») que manifestar nuestro orgullo por su esfuerzo. Sin duda ayuda, aunque de nada sirve actuar por quedar bien con los demás: en este aspecto, quien cuenta es uno mismo.

Las metas que nos proponemos pueden clasificarse en tres grandes grupos:

- Personales
- Relacionales
- De la tarea

Las metas personales, tan en boga hoy en día, tienen su mayor exponente en el concepto de autorrealización, tal y como intuyó Abraham Maslow. Pueden incluir conceptos tales como bienestar personal, afecto, serenidad, vivir tranquilos, crear, conocer, autoconocerse, espiritualidad; lo que llamaríamos en términos generales procurar ser feliz.

Las metas relacionales tienen que ver con el objetivo de ser uno mismo y serlo a la vez con los demás. Las relaciones se erigen en una gran fuente de motivación, así como las actividades colaborativas y de responsabilidad social. Como ejemplo de ello, en el ámbito de las empresas y organizaciones siempre hay personas que atienden fundamentalmente al clima emocional y de relaciones. Su orientación es asertiva, de afirmación personal y de respeto a los derechos de los demás.

Las metas de tarea incluyen a los perfiles que se orientan hacia la consecución de objetivos, intereses o beneficios. Estas personas tienden a perfeccionarse en una actividad y les motiva el reto y la competitividad.

Cabe decir que no tenemos por qué sentirnos alineados con una u otra meta. Lo cierto es que las personas combinamos metas según nuestros momentos vitales, según los contextos en los que participamos o las expectativas que nos hacemos sobre una situación en concreto.

El estudio de la motivación extrínseca pasa por los conceptos principales de recompensa, castigo e incentivo. Entendemos que una recompensa es un objeto ambiental atractivo que se da después de una secuencia de conducta y que aumenta las posibilidades que esa conducta se repita en el futuro. Así cabe entender lo que denominamos «premios», o algo tan necesario como los agradecimientos, las aprobaciones o, en un sentido crematístico, las nóminas de final de mes.

El castigo funciona a la inversa, es decir, un objeto ambiental no atractivo que se da después de una conducta con el propósito de reducir las probabilidades que dicha conducta se repita en el futuro. Así, las críticas, desaprobación, multas, encarcelamientos o poner en ridículo pretenden asociar una conducta determinada a una experiencia negativa e incluso aversiva. Tanto las recompensas como los castigos se dan después de secuencias de conducta y afectan a las probabilidades de que se vuelvan a dar, tal y como explica Johnmarshall Reeve.

El incentivo, en cambio, es un objeto ambiental que hace que un individuo realice o evite una secuencia de conducta. Dicho de otro modo, el incentivo pretende influir antes de que se dé la conducta y potenciar su comienzo. Pongamos un ejemplo: ¿Cuándo hay que regalar la bicicleta o la consola de videojuegos? ¿Antes o después de los exámenes? Obsérvese que si el objeto se entrega antes de las pruebas académicas, se incentiva el estudio y se refuerza la confianza en la persona para que asuma ese proceso con fuerza. Si, por el contrario, se da el objeto según los resultados, entonces se premia o se castiga la conducta. Es una decisión curiosa, porque en nuestra cultura, tan competitiva, nos hemos centrado en los resultados. Somos «resultadistas», y así nos va. En lugar de incentivar el proceso de aprender, valorar la perseverancia y atender a los recursos que puedan faltar, toda la carga explota al final. Uno es, entonces, lo que consigue. Somos más valorados por lo que hacemos y obtenemos que por lo que somos.

Probablemente pueda existir un sano equilibrio entre incentivos, premios y castigos. Todo son recursos de aprendizaje condicionado que hay que manejar atendiendo a esa tríada (deseos o necesidades, valor, expectativas) y también al momento afectivo de la persona, su historia personal, los recursos reales de los que dispone, el apoyo personal, familiar o social, y el contexto en el que debe desarrollar la conducta. No cabe duda de que somos seres complejos.

TIPOS DE MOTIVACIÓN

En el estudio de las necesidades humanas destaca la figura de Henry Murray, quien postuló que una gran parte de nuestras conductas estaban gobernadas por un conjunto nuclear de necesidades humanas universales: logro, poder y filiación. En realidad, Murray llegó a idear una lista de veinte necesidades humanas, incluyendo algunas necesidades opuestas, como por ejemplo, querer autonomía y a la vez filiación. En todo caso, para Murray las necesidades tienen base fisiológica y están relacionadas con reacciones químicas en el cerebro. Pueden surgir tanto de procesos internos como de acontecimientos externos, aunque todos generan un estado de tensión que la persona procurará reducir, es decir, intentará satisfacer sus necesidades.

La motivación de logro

No resultará complicado identificar gente cercana a nosotros que tiende de forma constante hacia la consecución del éxito en actividades o situaciones que serán evaluadas en relación con algún estándar de excelencia. El mercado está lleno de libros que relatan los caminos y las hazañas de personas que han superado condiciones adversas, o bien que han ideado fórmulas y metodología exitosas o, por ejemplo, deportistas que han convertido su habilidad en una actividad muy rentable. Suelen destacarse tres aspectos:

El primero es el que se relaciona con la actividad. Tal vez sea el más general, puesto que el ideario para muchas personas es hacer las cosas lo mejor posible, rozando muchas veces el perfeccionismo. El que tiene habilidad le gusta ser esmerado. El que goza con los buenos resultados, los busca afanosamente, no se conforma con poco.

El segundo aspecto está relacionado con uno mismo. Siempre que nos proponemos el reto de superarnos a nosotros mismos, de lograr ir más allá de nuestras expectativas, de luchar contra adversidades —como una enfermedad—, de vencer limitaciones personales —miedos, por ejemplo—, estamos atareados en logros de superación.

El tercer aspecto se relaciona con los demás. Es el caso de la competitividad, de querer ser mejor que otros, de compararse y, sobre todo, de lograr el reconocimiento social.

En las tres modalidades se produce una evaluación de competencia personal con correlatos emocionales, como el orgullo en los casos de éxito, y de vergüenza, en los casos de fracaso. Queda patente, pues, que las personas orientadas al logro no solo prefieren tareas de dificultad moderada, sino que también persisten por más tiempo en estas tareas, del mismo modo que abandonan con facilidad cuando resultan demasiado fáciles o excesivamente difíciles. Mariano Chóliz, profesor titular de psicología de la Universidad de Valencia, ha propuesto un perfil característico:

1. Elección de tareas con un nivel moderado de dificultad.
2. El rendimiento es mayor en tareas que implican una motivación intrínseca, en las que aumenta la autosatisfacción por el trabajo bien hecho. Incluso se ha comprobado que la asignación de refuerzos (motivación extrínseca) no aumenta el rendimiento.
3. El rendimiento es mayor en tareas que implican un desafío personal. Este tipo de tareas permite poner a prueba su capacidad y habilidades, y generan una gran satisfacción ante el éxito conseguido. En cambio, en tareas rutinarias o fáciles se obtiene un rendimiento similar al de las personas con escasa motivación de logro.
4. Tienen interés por obtener *feedback* o respuestas en la ejecución de las tareas, el cual les permite tener un conocimiento de la eficacia de las mismas y cuáles son los factores responsables del éxito.
5. Aceptan la responsabilidad de sus acciones.
6. Asumen riesgos calculados, que no exceden su nivel de capacidad o sus habilidades, para asegurarse el éxito en la tarea.
7. Aportan innovaciones a las tareas que realizan en su afán por conseguir nuevas y mejores formas de realizar las acciones implicadas en las mismas. En este sentido, puede darse el caso de que lleguen a utilizar medios poco justos u honrados, por lo que pueden ser calificados de tramposos.

8. Búsqueda activa del éxito personal en la actividad profesional, con carácter emprendedor y gran interés por los negocios y actividades empresariales.

A título de resumen, podría decirse que existe una tendencia a conseguir el éxito y evitar el fracaso, del mismo modo que hay metas que se orientan hacia uno mismo, denominadas metas de aprendizaje, de competencia o de mejoras personales, y metas orientadas hacia la tarea, denominadas metas de resultado o rendimiento. Debido a ello se suele proponer que, en lugar de logro, se utilice el concepto de «competencia», por tratarse de un término que considera al individuo como un todo, que atiende no solo a su habilidad para ciertos logros, sino a su desarrollo pleno, a su capacidad de autorrealizarse en interacción con el medio ambiente.

No obstante, algunas personas quedan atrapadas en la explotación de sus éxitos. Si combinamos una personalidad y un ego muy identificado con la idea de triunfar siempre, estamos ante una bomba de relojería personal. Por eso a veces observamos personas que se hunden exageradamente ante un pequeño vuelco o cambio de tendencia de su éxito social.

La motivación de poder

Resulta fácil identificarlos, ya que destacan enseguida. Algunos pretenden tener influencia sobre los demás, intervenir de algún modo en sus conductas y emociones. Una definición clásica es la necesidad de impactar, controlar o influir sobre otras personas, grupos, instituciones o sobre el mundo en general. Según McClelland, existen dos tipos de expresiones de poder: el personal y el social. El primero, relacionado con la competitividad y la agresión, pretende el dominio sobre otros, mientras que el social buscaría contribuir al beneficio de los demás.

Al referirnos a la motivación de poder hay que hacer mención del concepto de liderazgo. El hecho de querer dirigir, hacer uso de la autoridad, tomar responsabilidades, desempeñar roles y funciones que impliquen el mando sobre otros define la orientación de personas con vocación de líder. No obstante, tal y como entendemos hoy el ejercicio del liderazgo, poco tiene que ver con la idea de mandar. Dicho llanamente: no es lo mismo mandar que dirigir.

Aunque en este país ha funcionado durante muchos años el «mando y ordeno», el conocimiento de la motivación humana y la evolución de nuestra conciencia no permite ya tales enfoques prehistóricos, a pesar de que siempre queda algún reducto, no hay por qué negarlo. Ahora habitamos en la era de los directivos, es decir, en el empeño por dirigir empresas y personas. Sin embargo, tampoco la etiqueta de directivo garantiza el liderazgo. Se trata a lo sumo de líderes situacionales, más por el ejercicio del cargo que por su auténtica capacidad de lograr que los demás los sigan. Ahí radica la diferencia.

Motivación por afiliación

La necesidad de afiliación expresa la necesidad de ser aceptado socialmente y de tener seguridad en las relaciones interpersonales. Tal vez el término «necesidad» puede describir una realidad que lo es a medias: muchas personas se orientan a los demás, no solo como una conducta de ansiedad ante el rechazo, sino justamente para promover su bienestar, por la calidad y la calidez en la relaciones, por su intimidad.

Quien tiene una alta motivación de intimidad piensa en las personas y en las relaciones con frecuencia, ofrece información sobre sí mismo, sabe escuchar, es muy comunicativo, describe el amor y el diálogo como experiencias vitales especialmente significativas, y suele ser visto por los demás como alguien que destaca por su apertura, sinceridad, comprensión, escasa voluntad de dominio y cuidado de la relación interpersonal. Tal vez por todo ello evitan el conflicto, sufren en las discusiones y se hunden ante los abandonos.

La conducta motivada hacia la filiación se observa poderosamente ante la activación de la experiencia de miedo. No hay estímulo más poderoso para la búsqueda de los demás que el hecho de estar necesitado de apoyo emocional y de protección ante lo temido. Junto al miedo, el aislamiento social también activa la filiación. Es un hecho que, en tiempos de crisis, la familia se repliega. Es interesante observar una de las consecuencias de la era de abundancia que estamos dejando atrás: la autosuficiencia, eso es, el encumbramiento de lo individual. Sin embargo, en cuanto ha llegado la crisis hemos emprendido el camino de vuelta al hogar, a la idea de sobrevivir juntos, de encontrar en la calidez de los afectos aquello que nunca podrá sustituir lo material por más que lo parezca.

Una pieza fundamental de todo grupo humano es la existencia de personas orientadas a las relaciones. Ellas contribuyen a hacer la vida más agradable, sin duda, aunque su principal virtud es la capacidad conectora que las caracteriza. Si no llevaran a cabo este papel, difícilmente existirían las reconciliaciones, no se practicaría la mediación, no se repararían nuestros duelos y baches emocionales. Las personas conectoras facilitan que se establezcan nuevas amistades y propician el conocimiento entre gente diversa. La suerte de disponer de personas conectoras permite abrir una puerta hacia lo trascendente, hacia la construcción de un más allá de nosotros.

La motivación por filiación predispone también hacia la conducta de ayuda. Permite dilucidar los factores implicados en la arranque, desarrollo y mantenimiento de una conducta prosocial, es decir, las acciones o comportamientos que proporcionan bienestar a los demás y que se realizan de forma voluntaria. En particular, la motivación para la conducta de ayuda implica una serie de acciones encaminadas a socorrer a otras personas que, a nuestro entender, se encuentran en una situación difícil, y en las que existe la posibilidad de algún tipo de recompensa. Más allá de factores evolutivos de supervivencia y adaptación al medio; más allá de los contextos sociales que marcan el tipo de ayuda que se va a realizar; más allá de las creencias individuales sobre el bien y el mal, sobre el sentido ético y moral de la existencia, e incluso más allá de los beneficios personales que puede conllevar una relación de ayuda, cabe preguntarse: ¿Qué fuerza emerge en un momento determinado que nos hace capaces de entregar la vida para salvar a otra persona?

Es inevitable que destaquemos en este punto el concepto de «altruismo». Del francés *altrui* (de los otros), la conducta prosocial que conocemos como altruismo implica una serie de acciones dirigidas a ayudar a otras personas sin esperar obtener a cambio recompensa o beneficio alguno. Cuando en efecto es así se considera genuino, mientras que se tacha de «altruismo egoísta» aquel que tiene como objeto la obtención de un beneficio propio.

Desde la perspectiva del estudio de la motivación, el

modelo que observa este fenómeno parte de la percepción de la angustia del otro, que nos conduciría a dos posibles estados emocionales: malestar y ansiedad o perturbación, lo que podría conllevar resolver egoístamente nuestro problema, que no es otro que reducir la angustia propia. Pero por otro lado también puede activar nuestra facultad empática, más aún la compasiva. De esta manera se pondrá en marcha una motivación altruista para reducir la angustia del otro, esto es, la voluntad de ayudarle.

LAS MOTIVACIONES PROFUNDAS

Después de un breve repaso a lo que podríamos considerar motivaciones básicas, no vamos a quedarnos con la idea de que nuestro paso por este mundo consiste en desarrollar alguna especie de combinación de las tres grandes conductas motivadas. La visión integrada del ser humano permite observarnos más allá de nuestras partes diferenciadas. Dicho de otro modo: cualquier acontecimiento que afecta a un sistema, afecta a toda la persona.

Abraham Maslow nos mostró el camino para comprender que las necesidades humanas están estructuradas jerárquicamente y que, resueltos los niveles básicos (necesidades fisiológicas, protección y seguridad, amor y pertenencia) tendemos hacia los niveles superiores, que llamó «de autorrealización», cima solo alcanzable habiendo superado nuestros estados carenciales. Mas ¿puede existir alguien que lo tenga todo resuelto en esta vida?

Según las cifras que manejaba Maslow, menos del 1 por ciento de la población llegaba a la autorrealización. Se cuenta incluso la anécdota que, una tarde de primavera de 1962, poco después de la publicación de *El hombre autorrealizado*, Maslow estaba esperando un taxi en la terminal del aeropuerto Logan de Boston cuando pasó un amigo suyo, profesor de Harvard, acompañado de una chica y se ofreció a llevarlo. Durante el trayecto la joven se volvió hacia él y le preguntó a qué se dedicaba. El profesor, aludiendo al prestigio de Maslow, indicó que era la persona que había acuñado el término «experiencia cumbre».

—¿Y qué es una experiencia cumbre? —quiso saber la chica.

—Lo ignoro —respondió Maslow—. Nunca he tenido ninguna. Esa suele ser la paradoja del filósofo: quienes más teorizan son a menudo los últimos en experimentar.

A pesar de que su escala de motivaciones apunta en la buena dirección, el trabajo de Maslow se inscribe en el plano teórico. Él mismo acabó reconociendo la necesidad de afrontar también los conflictos psicológicos no resueltos como condición necesaria e imprescindible para desarrollar plenamente el propio potencial y así vivir una vida más plena. Quizás algún conflicto de este tipo le impidió llegar a su merecida cumbre de autorrealización.

Sin duda, el hecho de proyectarnos hacia lo que podríamos llamar «la mejor versión de nosotros mismos» forma parte de nuestra esencia. Los programas de autoconocimiento, tan populares hoy en día, orientan su propuesta en dos direcciones bien definidas: actualizarse y descubrir nuestra auténtica naturaleza. Esa es la tarea vital, el objetivo de nuestra existencia en lo fundamental. En la actualización encontramos la manera de disolver los conflictos psicológicos, desde los que se formaron en las primeras etapas de desarrollo hasta los suscitados por nuestro estilo de vida actual.

Para Carl Rogers, otro de los patriarcas de la vía humanista, las personas que funcionan bien son aquellas que toman conciencia de todas sus experiencias. Así, recurrió a los términos «congruencia» e «incongruencia» para describir el punto en el que la persona niega y rechaza sus características personales, habilidades, deseos y creencias (incongruencia) o las acepta (congruencia). Funcionar bien como persona supone vivir una relación íntima y de confianza con uno mismo, con el proceso de evaluar y aceptar la realidad, manifiesta también en su organismo y, al mismo tiempo, ser capaz de comunicarlo, de compartir en definitiva esa intimidad.

El autoconocimiento supone también descubrir nuestra auténtica naturaleza. Ahora ya no hablamos de desarrollar, sino de desvelar. Vamos hacia el encuentro anhelado de la dimensión espiritual de la existencia, habitada en tres vocablos que merecen ser escritos en mayúsculas, Amor, Verdad y Sabiduría, aunque debo reconocer que las palabras pueden permitir todo tipo de interpretaciones. Las que aquí describo son las más inteligibles para mi corazón. Ojalá sean palabras afortunadas y benéficas, aunque ninguna de ellas puede superar el valor de la experiencia. Por eso, descubrir nuestra naturaleza auténtica conlleva un ejercicio personal ajeno a todo análisis mental. Ante el misterio solo cabe la fe. Las palabras de poco servirán.

Son cada vez más las personas motivadas por ese descubrimiento de su ser profundo. Sea a través de un maestro, una religión o diversas prácticas espirituales, se busca alcanzar esa experiencia culminante, mística, de plenitud, que da sentido a la vida y la ilumina con una belleza indescriptible. Sin embargo, lo que motiva el camino espiritual no se basa en alcanzar una sola experiencia, que como don también podría no darse, sino en encontrar una manera más plena de vivir. Por eso, la vía espiritual puede interpretarse como aquella que se orienta hacia el sentido de la vida y hacia el encuentro con nuestro lugar en el orden de la existencia. Es lo que está escrito en el frontispicio del templo de Delfos: «Conócete a ti mismo.»

Ahondemos algo más en las motivaciones que, junto con el desarrollo personal, pueden observarse en la actualidad y que van dejando caducos el logro o competencia, el poder y la filiación.

El deseo vehemente de aprender

Las universidades, tanto presenciales como virtuales, se llenan de gente mayor dispuesta a acabar una carrera o, al menos, a cursar algunas asignaturas de su interés. Hemos acabado absorbiendo la idea de que el aprendizaje es un camino que se prolonga a lo largo de toda la vida. No solo aprendemos de la experiencia, sino que descubrimos en el camino del estudio el gozo intelectual. También la sensación de analizar a fondo algún tema, de hacernos competentes en conocimientos diversos, ha acabado por ser una fuente de motivación. Quizás una de las causas del gozo, además del aprendizaje, sea la elección y la ilusión por esos estudios, todo lo contrario de lo que les sucede a los jóvenes que solo ven en ellos una obligación.

El sentido altruista de la existencia

Como le gusta decir a mi amiga Pepa Ninou, vivimos ya en la sociedad del autoconocimiento. Cada vez son más los que inician procesos de descubrimiento interior y de conocimiento sobre la conducta humana. Lo bueno del caso es que cuanto más ahondan estas personas en su empeño, más se abren a los demás. Nada une tanto como la capacidad de compartir anhelos y sufrimientos.

Esta capacidad empática se traduce en actividades de corte altruista. Se busca que la vida tenga sentido, que valga la pena por sus valores intrínsecos, por las relaciones y el bienestar que estas conllevan. Eso incluye la sensibilidad ante el dolor ajeno, ante su malestar y ante las duras condiciones de vida a las que a menudo se ven sometidas las personas. Nace así una motivación altruista y compasiva hacia el otro, lejos del sentido filiativo que observamos al principio de este apartado. La cercanía al otro motiva por compasión (que no es lo mismo que pena), por ternura, por conexión y por convicción.

La influencia social

Cuando Murray delimita las características de la motivación por el poder, describe a personas que pretenden influir en los demás. Sin embargo, en la actualidad muchas personas se sienten motivadas por su capacidad de influir, aunque sin ansia alguna por el poder o por la manipulación pura y dura. Podríamos decir que existe un nuevo estatus social compuesto por aquellas personas cuya opinión, conocimientos, habilidades y experiencia pueden ser fuente de inspiración para los demás.

Opinan en los medios de comunicación, escriben libros, artículos, dan conferencias, imparten cursos, intervienen en tertulias, son *blogueros* reconocidos o *twiteros* con multitud de seguidores. Les motiva tener audiencia y saberse capaces de influir en las creencias y los intereses ajenos. Alguien diría que son expertos en sobresalir de la manada y eso es una estrategia de doble vía: poder y filiación (ser amados y respetados). En una sociedad tecnológica y mediática como la actual, considero que la capacidad de influir se explica por sí misma.

El bienestar subjetivo

Aunque la palabra «felicidad» está quedando en desuso, lo cierto es que la frecuencia con que se recurre a ella ha generado el interés por lo que denominamos «bienestar subjetivo» o bienestar personal, en contraste con el bienestar social u objetivo, en tanto que procura las condiciones adecuadas para vivir mejor. Pero como ya hemos visto, se puede vivir mejor y al mismo tiempo sentirse peor. Por eso, a las condiciones de vida hay que incorporar las condiciones interiores, aunque a mí personalmente me gusta más hablar de aumentar la conciencia individual y colectiva.

Una conciencia orientada a la felicidad busca vivir en plenitud. Para lograrla, Seligman, uno de los que más ha estudiado la felicidad, propone cinco pasos: emociones positivas, entrega (fluir), competencia (logro), sentido (espiritualidad) y relaciones sanas. Si añadimos un sentido profundo de pertenencia a la naturaleza, no falta nada más.

El desarrollo creativo

Una de las grandes facultades que nos caracterizan es la imaginación, puesta al servicio de lo que llamamos creatividad, base de todo arte. Si detrás del arte, del artista o creador existiera una mera motivación al logro, pocas personas perseverarían en tales actividades. Piensa simplemente en Van Gogh, que a lo largo de su vida se vio condenado a la pobreza y el fracaso. ¿Qué le motivó a seguir adelante?

La creatividad goza de la actividad más allá del resultado. Claro que este último importa, pero no determina. Eso es lo que no entienden en muchas empresas y organismos públicos, donde la creatividad no solo es asesinada, sino que incluso tiene mala reputación. En este país sigue valiendo eso de no cambiar demasiado las cosas, sobre todo cuando van bien. Por suerte, los trabajos requieren cada vez más de visión y creatividad, con lo cual iremos aprendiendo a valorar a los creativos que se motivan con el simple hecho de sentirse dioses por un instante.

Resumen del capítulo

- Los investigadores actuales en el campo de la motivación humana prefieren hablar de «competencia» en lugar de «logro». El logro es la propensión a ser eficaz y a conseguir resultados con determinado nivel de excelencia.
- Hoy preferimos la interdependencia, la capacidad de cooperar, de trabajar en equipo cohesionados. Por eso es tan importante no solo ser eficaz o habilidoso, sino sentirse competente, lo que incluye también competencias personales.
- Las metas que nos proponemos pueden catalogarse en tres grandes grupos:

  - Metas personales
  - Metas relacionales
  - Metas de la tarea

- El estudio de la motivación extrínseca pasa por los conceptos principales de recompensa, castigo e incentivo.
- Puede existir un sano equilibrio entre incentivos, premios y castigos. Todos ellos son recursos de aprendizaje condicionado que hay que manejar atendiendo a esa tríada (deseos o necesidades, valor, expectativas) y también a la situación afectiva de la persona, su historia personal, los recursos reales de que dispone, el apoyo personal, familiar o social, y el contexto en el que debe desarrollar la conducta.
- Se han estudiado tres grandes tipos de motivación: logro (competencia), poder y filiación.

- Las motivaciones que se observan en la actualidad y que van dejando caducos los anteriores tipos de motivación son:

  - El desarrollo personal
  - El deseo vehemente de aprender
  - El sentido altruista de la existencia
  - La influencia social
  - El bienestar subjetivo

SEXTA REFLEXIÓN:
«Yes we can!»

EL PLACER COMO VOLUNTAD

El mismo hecho de estar hablando de voluntad, esfuerzo, perseverancia, compromiso o responsabilidad, por ejemplo, parece eludir todo contacto con la dimensión del deseo. Y no es así. ¿Acaso no deseamos vivir? ¿Acaso no es el deseo el gran motor que nos lleva a anhelar estados de plenitud? Voluntad y deseo pueden ser vistos como opuestos y enturbiar así la fuerza existencial que impulsa la mayoría de nuestras acciones.

Según Buda, cuando la mente empieza a anhelar, aparece inevitablemente el sufrimiento. Así, nuestra forma de relacionarnos con el deseo puede acabar causando la adicción al mismo y, por ende, el endiablado dolor que produce la eterna insatisfacción. Lo peor, sin embargo, es la creación de un «yo» ilusorio cuya felicidad y bienestar dependen de obtener lo que quiere. Es como meterse en la mente un álter ego que siempre exige más. Como afirma mi admirado Francisco Mora, doctor en medicina y buen comunicador y divulgador, tanto el placer como el dolor no existen en el mundo exterior, simplemente los crea el cerebro en un juego siempre activo entre nuestra carga genética y nuestras experiencias y aprendizajes. Por otra parte, el placer que experimentamos también es subjetivo.

Las adicciones son nuestras fuerzas más oscuras. Se sabe, por ejemplo, que tras el consumo habitual de cocaína, heroína o alcohol, en el cerebro se producen cambios profundos que transforman la conducta del individuo y al individuo mismo. Cuando exigimos fuerza de voluntad a personas que padecen alguna adicción, estamos ignorando los cambios que se han operado en ellas y cómo perdieron, entre sorbo y sorbo, la fuerza para preservar en el empeño de salir de su adicción. Entre otras cosas, porque los cambios más severos han afectado a los sistemas de recompensa y placer. Por más que insistan en su intención sincera de acabar con su infierno, la solución no requiere solo buena voluntad, sino un trabajo serio orientado a recuperar la salud física y mental.

Por lo general, nuestro hedonismo no llega tan lejos. Sin embargo, igualmente genera malestar e incluso sufrimiento. No se trata tanto de adicciones como de apegos, que también son el resultado de nuestra relación con el deseo. La buena noticia es que si conocemos el camino por el que en su momento fuimos adentrándonos, recorrerlo a la inversa puede permitirnos salir de él. Dicho de otro modo, podemos intentar liberar la mente. Para ello hay que practicar, hay que ejercitar esa fuerza de voluntad para resistirse a la mecánica de la bioquímica, acostumbrada ya a sus niveles de activación (recuerda el ejercicio de relajación).

El doctor en filosofía José Ángel García Cuadrado relata las diferencias entre esas dos tendencias, sobre todo en lo que respecta a la oposición entre el deseo y la voluntad: «El deseo tiende a los bienes sensibles (percibidos o imaginados), mientras que la voluntad tiende al bien inteligentemente captado.» En la filosofía clásica la inclinación hacia un bien inteligible recibía el nombre de «apetito racional» (voluntad).

El deseo por sí mismo expresa y desarrolla una energía cuyo aprovechamiento puede ser muy interesante. Al menos, habrá que tener en cuenta las reflexiones de Epicuro cuando dice: «Yo por mi parte, no sé pensar el bien si quito los placeres del gusto, del amor, del oído y los suaves movimientos que de las formas percibo por mí mismo.»

En aquel «jardín» que acogió a los epicúreos, se esbozó una sabiduría que nos enseña a entender el gozo y el placer como simples marcas de nuestro bienestar, que implican sobre todo un encuentro equilibrado y libre con uno mismo. Antes que Erich Fromm nos interrogara sobre el ser y el tener, Epicuro, siglos antes, reflexionó sobre la importancia del ser frente a la insatisfactoria tendencia del tener. De algún modo, el filósofo ateniense, nacido en Samos en el año 341 a. C., permitió una nueva mirada sobre la felicidad y el sentido de la vida que hoy manifiesta una vigencia absoluta, si lo comparamos con una sociedad que ha entronizado el *hybris*, el exceso, como la forma más inmediata de alcanzar estados placenteros y alguna supuesta felicidad.

Para Epicuro, la vida feliz no proviene del comer, del beber y del sexo —por otra parte imprescindibles como fuente de placer—, sino del razonamiento moderado. Viene a decir que la mente solo puede ser feliz si el cuerpo no sufre, esto es, si no siente dolor. Cuando el cuerpo experimenta la ausencia total de dolor, goza del máximo placer.

Ahora recuerda lo que hemos dicho en los apartados anteriores. Una vez más, esa relación entre la mente y el cuerpo deviene sustancial para lograr un estado de armonía. El esfuerzo es la tensión justa y necesaria para lograr objetivos específicos. En cambio, si el cuerpo aguanta más de lo necesario, siente dolor. En otros tiempos se consideraba que los verdaderos actos de voluntad consistían en aguantar, en sacrificarse más allá del dolor. Ser capaz de resistir era un símbolo de fuerza del carácter.

Para Epicuro, el hombre sabio es aquel que distingue los placeres de los que puede gozar sin peligro, enteramente, de aquellos en los que debe aplicar un esmerado criterio: observar, ante todo, las consecuencias que se derivarán de ceder al deseo y obtener un placer determinado. Este criterio permite clasificar nuestros deseos: los que son naturales y necesarios, los naturales e innecesarios, y los no naturales e innecesarios.

Entre los **placeres naturales y necesarios** se cuentan los que hacen referencia a la felicidad, a la imperturbabilidad del cuerpo y aun aquellos que podrían extenderse a la propia vida. Precisamente, la satisfacción de los deseos naturales y necesarios evita el dolor y produce placer naturalmente. Los **placeres naturales innecesarios** son aquellos que, una vez experimentados, concluimos que efectivamente no eran tan necesarios, por lo que se inscriben en variaciones del placer fugaz. En esta categoría, según Epicuro, podría incluirse el sexo o la comida sofisticada, por ejemplo. Son placeres susceptibles de generar placer, pero prescindibles si los perjuicios que se derivan de ellos van a causar dolor.

Finalmente, los **placeres no naturales innecesarios** se refieren a la opulencia y a los estados de vanagloria que esta conlleva. El lujo es irrelevante para la supervivencia personal. Epicuro sería muy crítico con la tendencia de nuestros tiempos, al observar el valor que se otorga a la belleza o a la apariencia personal, a la riqueza o al poder, aunque para ser fiel a este filósofo, sin duda habría que añadir a la lista la política y el matrimonio. Solo se salvaría la amistad.

Así pues, el objetivo de nuestra sabiduría no ha de ser otro que controlar el deseo, en lugar de precipitarlo, y aspirar solamente a placeres perdurables del cuerpo y de la mente. Gozará de felicidad quien sea capaz de vivir sin dolor y pueda esperar, razonablemente, que continuará gozando de esta libertad. Puestos a examinar con mirada crítica la forma en que hemos vivido, tal vez debamos aprender de nuevo a gozar, eso es, a distinguir los placeres dañinos de los benignos. A comprender que el supremo bien solo se alcanza con el mayor gozo posible al menor costo aceptable. Esta máxima nos lleva directamente al motivo de este libro. Bien podría decirse que el esfuerzo dirigido hacia el mayor bien posible no debe representar un alto coste, o demasiado esfuerzo. Cuando el que manda es el dolor, es que en algo nos estamos equivocando.

Otra perspectiva interesante es la que ofrece Mark Epstein, doctor en medicina y psiquiatría y reconocido psicoterapeuta y promotor de la meditación budista. Aunque Mark venera los contenidos de las Cuatro Verdades Nobles, es decir, que toda la vida es sufrimiento, introduce un matiz al hablarnos de la «insatisfacción penetrante». Con este concepto alude a que incluso las experiencias más placenteras están teñidas de una sensación de descontento, debido a su carácter efímero e insustancial. No consiguen paliar la inseguridad, inestabilidad y desasosiego que sentimos, convirtiéndose así en meros parches para ir tirando. Eso es lo que Epicuro clasificaba como placeres innecesarios, fueran naturales o no. Por supuesto, la solución no puede consistir en eliminar el deseo.

Epstein afirma que en el deseo hay algo más que sufrimiento. Hay un anhelo que apela tanto a la espiritualidad como a la sensualidad. Incluso cuando degenera en adicción, el impulso original conserva algo que solo puede ser descrito como sagrado. No se puede negar tal evidencia, sobre todo cuando se tiene la oportunidad, como es mi caso, de escuchar a tantas personas y tan diferentes. Más allá de sus sufrimientos o insatisfacciones penetrantes, ¿para qué acuden a una consulta, si no es porque quieren ser felices? La mayoría de ellas no se ha metido en una encrucijada psicológica por simple capricho, sino creyendo que hacían lo correcto, que lograrían sus propósitos y que hallarían la forma de aplacar su angustia. Pero no fue así, a pesar de sus buenas intenciones. Buscaban la felicidad por el camino de la dificultad.

Tal y como sostenía Epstein, el problema no radica tanto en el deseo en sí como en el hecho de que nuestros deseos son demasiado pequeños. El deseo es un maestro: cuando nos entregamos a él sin culpabilidad, vergüenza o apego, puede mostrarnos algo especial acerca de nuestra propia mente que nos permitirá abrazar la vida por completo.

El deseo es un anhelo de estar completos ante la enorme incertidumbre de cada situación que vivimos. El deseo no es un enemigo al que debamos oponernos, sino una energía que canalizar. Pretender ignorar o reprimir el deseo es una fuente de sufrimiento y eso, por desgracia, es lo que han interpretado mal diferentes culturas religiosas que han considerado la felicidad espiritual como algo completamente separado de la felicidad física. Cuando esto ocurre, se acaba desplazando la tensión hacia el desenfreno o la represión. Nada bueno.

La clave consiste, entonces, en permitirse entrar en el

abismo del deseo, explorarlo para despertar nuestras mentes y, para ello, Epstein propone que afrontemos honestamente las manifestaciones del aferramiento cuando surgen en todos los aspectos de la vida, evitando cualquier tentativa de justificarlo. Solemos buscar la plenitud fuera de nosotros mismos y acabamos convirtiendo en objeto de deseo aquello que nos proporciona tanta plenitud. Es ahí donde se forma el apego.

Podemos, empero, aprender a hacerlo descubriendo la verdad de nuestros propios anhelos y utilizar ese recurso que ya Freud practicaba con sus pacientes más aferrados: ver el deseo como no propio. Al responsabilizarnos tanto de nuestros deseos acabamos por juzgarnos a nosotros mismos. En estos casos, hay que evitar la identificación con los sentimientos. Cualquier cosa con la que nos identifiquemos acabará siendo una extensión de nosotros mismos, con toda la carga emocional que eso conlleva. Debido a ello, cualquier ejercicio que pretenda separar sujeto y objeto debe pasar por observar esos síntomas como no propios. Dicho llanamente, observarse a uno mismo más allá de lo que siente. Ese es el sistema que nos permitirá empezar a resolver cualquiera de nuestros sufrimientos.

Si logramos disociarnos de esos estados en que nos hallamos atrapados en el deseo, podremos contemplar la existencia con una mirada deseosa de belleza. En palabras de Xavier Melloni: «Para ascender por la belleza de las formas hacia la Belleza sin forma que se identifica con la Verdad y el Bien, es necesario un difícil aprendizaje en el que ética, estética y espiritualidad deben trabajar juntas en la transformación de las pulsiones primarias.»

Lo tremendo del apego y de la adicción consiste en que distorsionan nuestra percepción sobre la verdad y el bien.

Si existe alguna relación intrínseca entre la voluntad y el deseo, esta no puede ser otra que el deseo de la voluntad de verse a sí misma en su condición más bella.

VOLUNTAD Y LIBERTAD

¿Quién manda en nuestra vida? Ahondemos algo más en uno de los grandes terrenos de la voluntad: la libertad. Dada también la imperfección del conocimiento humano, ¿somos libres de querer lo que queremos? ¿Cómo sabemos que lo que consideramos bueno lo es realmente? ¿Tenemos absoluta libertad de la voluntad? ¿Somos libres de querer algo distinto de lo que queremos? ¿Puedo gritar como un loco un gol del Barça, si soy del Madrid? En unas elecciones, ¿puedo votar a un candidato de un partido diferente al mío?

Según la idea del libre albedrío, disponemos de la capacidad de determinarnos a nosotros mismos, sin estar determinados por nada. Es como decir que mi existencia no está determinada por nada, ni siquiera por lo que soy. Entonces soy libre, porque puedo no ser lo que soy y ser lo que no soy. Es el concepto del que hablaba Sartre cuando denominaba a la libertad original una libertad que es absoluta o no es nada.

Como cuenta Emilio Lledó en su elaborada obra sobre el epicureísmo: «Libertad quiere decir desarraigo de todos aquellos mundos ideológicos, mitos, ritos religiosos, prejuicios culturales, interpretaciones tradicionales, aposentadas sin crítica en el lenguaje y transmitidas inercialmente en la paideía y en los usos sociales. Feliz tú que huyes a velas desplegadas de toda clase de cultura.»

Sin embargo, nuestras vidas andan por lo general algo

más condicionadas. ¿Nuestra voluntad es absolutamente libre? Se supone que escogemos lo que queremos o lo que no queremos. Pero ¿sabemos por qué lo queremos o por qué no? Spinoza lo expresó así: «Los hombres creen ser libres porque tienen conciencia de sus voliciones y de sus deseos, y no piensan, ni en sueños, en las causas que les llevan a desear y a querer, faltándoles todo conocimiento de estas.»

Para acabar de complicarnos nuestra tan preciada libertad, estudios recientes ponen de manifiesto hasta dónde llega nuestra capacidad volitiva. El neurólogo estadounidense Benjamin Libet, en un amplio trabajo que analizó el tema de la conciencia humana, concluyó que es imposible que el género humano sea autor de sus propios actos. Libet constató que los llamados «potenciales de preparación» para una acción (*readiness potential*) eran anteriores en unos 350 milisegundos a la conciencia del sujeto de tener voluntad para realizar esta acción. La conclusión no se hizo esperar: el mecanismo necesario que conduce a la acción se produce en el cerebro inconsciente, al margen de la decisión del individuo, y la «conciencia de la voluntad» surge después como la «ilusión» de haber sido su causa real. Libet solamente considera cierto vestigio de la idea de libre albedrío en su noción de veto, entendido como la capacidad de la conciencia para bloquear o abortar un acto iniciado por el cerebro.

También lo certifica así David Bueno, doctor en biología por la Universidad de Barcelona, para quien este retardo está vinculado a mecanismos de control de la propia libertad, como si tuviéramos un espía oculto que vela para no atentar contra nosotros mismos. Nuestro cerebro dispone de una red de neuronas dedicadas a vetar aquellas decisiones inoportunas del subconsciente, una capacidad muy influida por los condicionamientos sociales, culturales y educativos de cada persona, las cuales pueden dejar improntas físicas en el cerebro en forma de conexiones neuronales concretas, potenciadas o mutiladas. Por lo visto, todo eso ocurre sin que seamos conscientes de ello. Según Bueno, la característica humana que llamamos «libertad» ha sido favorecida por la selección natural como mecanismo de supervivencia específico de nuestra especie, vinculada a la capacidad creativa y de innovación.

Otras investigaciones también aportan datos en un sentido parecido. Según afirma el científico Richard A. Andersen, del California Institute of Technology, el cerebro desencadena la actividad neuronal en función de la expectativa de un movimiento, y no en función del movimiento en sí mismo. El cerebro se adelanta un instante a lo que percibimos para reaccionar en consecuencia. Todo ello nos puede producir cierta desazón, si concebimos la idea de que quien manda en nuestra vida es nuestro inconsciente, tal como ya postularon Freud o Jung y como también subscribiríamos gran parte de los que nos dedicamos a la observación de la conducta humana. No obstante, hay una buena noticia.

En una serie de encuentros que realizó el Dalái Lama con prestigiosos científicos, les expuso una serie de importantes conclusiones. La primera de ellas consiste en el peligro de reducir a los seres humanos en máquinas biológicas, productos azarosos de la combinación aleatoria de genes, cuyo único propósito en la vida es cumplir con el imperativo biológico de la reproducción. Cuando el budismo habla de la experiencia empírica, abarca los estados meditativos tanto como la percepción de los sentidos. Pretender entender la conciencia casi únicamente en términos de las funciones del cerebro no deja de ser un reduccionismo. El Dalái Lama planteó la siguiente pregunta: ¿Podemos postular que el pensamiento puro es capaz de efectuar cambios en los procesos químicos del cerebro?

Hoy, tanto la física cuántica como la subdisciplina de la neurociencia que estudia la plasticidad cerebral empiezan a proporcionar claves en este sentido. Expresado sucintamente, si uno cambia las condiciones de su estado mental, aquellas que suelen producir pautas habituales de actividad mental determinada, podrá cambiar los rasgos de su conciencia y las actitudes y emociones que de ellos resulten. Entonces, tal vez sea cierto el dicho de «¡querer es poder!»

De nuevo recuperamos la idea de la voluntad, la intención o la fuerza de la mente y de la impresionante plasticidad del cerebro. El entrenamiento mental modifica los circuitos cerebrales en la dirección que deseamos. De esta forma la voluntad pasa de ser una facultad del alma a un estado de la mente, en continua interrelación con el cuerpo. Con las capacidades que estamos desarrollando, podemos augurar larga vida a la espontaneidad de nuestra voluntad.

Como dijo Compte-Sponville: «Soy libre de querer lo que quiero, y por eso lo soy efectivamente. Es la voluntad misma que no depende más que de mi yo.» William James, casi cien años antes, ya renunciaba a toda pretensión de demostrar la libertad de la voluntad frente a los deterministas: «Nuestro primer acto de libertad, si realmente somos libres, debería ser en rigor afirmar que lo somos.» Añadamos que ese yo, para ser libre y actuar según su voluntad, debe aprender a dominar su mente y su cuerpo.

Ciertamente, volvemos a reivindicar la fuerza de los valores como voluntad colectiva de vivir acordes con el mejor de los bienes que podamos alcanzar todos juntos. ¿En qué se traduce, entonces, la voluntad como bien? ¿Cuál es ese bien inteligentemente captado? ¿Cuál puede ser el objetivo esencial de toda voluntad humana? Aristóteles lo reflexionó en el primer libro de *Ética a Nicómaco:* «Todo arte y toda investigación, y del mismo modo toda acción y elección, parecen tender a algún bien; por eso se ha dicho con razón que el bien es aquello a lo que todas las cosas tienden.»

Aristóteles nos recordará que el bien mayor es la felicidad, y que no debe limitarse solo a una aspiración, sino también a un producto: el bien como resultado del vivir, del hacer y del pensar. El bien no es un concepto abstracto e idealizado, sino una actitud concreta, en un lugar concreto y ante alguien en concreto. La práctica del bien no es solo una cuestión de intenciones, sino de costumbres, hábitos, de conductas que asientan su virtud en la ética. El filósofo Emmanuel Lévinas no dudaría en resumirlo todo bajo el concepto de «responsabilidad»: «Entiendo la responsabilidad como responsabilidad para con el otro, esto es, como responsabilidad para lo que no es asunto mío o que incluso no me concierne.» La alteridad se erige así en un principio para la ética.

Por eso es tan necesario entender nuestra inclinación hacia el bien, no solo como intención, sino como conducta, hábito y destino de nuestro vivir. El bien no es solo una virtud, sino la inspiración de nuestra propia historia. En este sentido me inspira mucho la idea de Mercè Conangla y Jaume Soler sobre la ecología emocional. Necesitamos una ecología de la acción que se ocupe de discriminar su orientación, que discierna entre los fines y los medios, aceptando el margen que la incertidumbre merece en todo devenir humano. Todos quisiéramos tener una visión clara sobre las consecuencias de nuestras decisiones antes de tomarlas, por eso muchas veces cuesta decidirse. No obstante, disponemos del sentido de la responsabilidad y de, al menos, la capacidad de pensar bien las cosas antes de realizarlas.

De este modo, podemos entender que la voluntad buena está formada fundamentalmente por virtudes, que hoy denominamos valores y actitudes positivas. El filósofo y teólogo belga Albert Dondeyne afirma que nuestras acciones adquieren un sentido en tanto que encarnan unos valores o contribuyen a promover unos valores en el mundo. Así, el comportamiento voluntario libre es, en el fondo, un juicio de valor, reflejo y eficaz, que se encarna en una acción concreta. Dicho de otra forma, detrás de nuestras acciones, detrás de nuestras decisiones, se están revelando valores. Nos retratan. Los valores se desprenden de la conducta de la persona y no pueden imponerse, solo ser inspirados.

El profesor de filosofía Joseph Gevaert afirma que «valor es todo lo que se considera relevante para la existencia humana, todo lo que permite darle un significado». El valor es lo que hace que algo aparezca como un bien. Ese bien encuentra su más alta significación cuando no solo vivimos nuestra propia vida como valor supremo, sino que la vivimos hacia los demás, amándolos. Si nuestra existencia no puede ser un valor para nadie, todo se vuelve absurdo.

Conviene aclarar que el ser humano no establece arbitrariamente el contenido de los valores. Valga la redundancia, los valores valen por sí mismos, siendo la persona la que se somete a ellos, al entender que ha sido ella misma quien los ha elegido como guía de su conducta. Los valores son trascendentes y absolutos, pues valen siempre y en todas partes porque revelan nuestra esencia. Es por eso que mantienen una condición de ideales. No obstante, esos «ideales» no habitan en el Olimpo, sino que se fundamentan en la propia acción humana, en lo que hemos sido capaces de crear y desarrollar como bueno, como mejor, como excelente. Es la mejor versión de nosotros mismos, la que hemos sido capaces de presentar al espíritu. Es nuestra Areté.

En unos coloquios organizados por la división de Estudios Prospectivos, Filosofía y Ciencias Humanas de la Unesco, el sociólogo Edgar Morin planteaba que el problema de los valores en nuestro siglo se debe a la mayor complejidad ética del mismo. Si en otros tiempos obedecer y respetar los valores eran cosas evidentes, ahora no lo son tanto: el imperativo no procede de Dios, ni de la religión, ni de los estados, sino del propio individuo, de su responsabilidad. Sin embargo, el humano no es únicamente el individuo, la sociedad o nuestra especie biológica, sino la trinidad que constituyen estos tres términos, es decir, su interdependencia.

Siendo así, los valores dependen del individuo, de su dignidad y virtud, de su responsabilidad, pero también del grupo y de la especie, más aún en un contexto actual de globalización. Entender este principio de interdependencia es hoy fundamental. No es posible resolver la cuestión de la felicidad sin tener en cuenta que el hecho de ser feliz no es una causa personal, sino también interpersonal y social. Estamos habituados a reflexionar sobre la felicidad en clave personalista, es decir, atendiendo a qué es lo que a uno le hace feliz, o cómo puede lograr ese estado en sí mismo.

Mas difícilmente puede existir una felicidad plena si los que nos rodean están sufriendo, o si medio mundo anda patas arriba. No se trata, empero, de renunciar a la felicidad propia, sino de entender que todo gozo, toda plenitud y toda paz interior de la que dispongamos debe integrar el deseo de ser un bien para los demás y para el mundo. Todo lo que realizamos en pos de la felicidad debe incluir su beneficio para los demás. Se trata de tenerlos en cuenta. Es así como creamos una conciencia compasiva y altruista.

Una organización social tan individualista, tan «líquida» —por citar a Zygmount Bauman— y tan «vacía» —aludiendo a Lipovetsky—, de una competitividad destructiva, derrochadora de recursos y con tremendas desigualdades, nos ha llevado al borde del colapso. Por eso se hace urgente recuperar el sentido de la interdependencia, la comprensión que el mundo funciona a partir de la interconectividad y que no existe nada que no esté vinculado a todo. El valor que lo puede aunar es el de la integridad, o la conciencia integral.

No hay mayor ilusión en el ser humano que creerse separado del resto del mundo y de sus acontecimientos. Por eso muchos hablan de casualidades, de buena o mala suerte, o se asombran ante las catástrofes naturales. Sin embargo, el mundo habita en nosotros, formamos parte de esa red invisible pero interconectada de la que emergen todos los fenómenos. No es de extrañar que cada vez se reivindique más el valor de la «transparencia», el deseo de que ninguna fuerza oculta nos prive del fluir natural de la existencia.

Del mismo modo se expresa un movimiento general de indignación creativa que pretende acabar con los paradigmas fraudulentos, que con tanta impunidad han operado bajo el paraguas del mal necesario, la guerra preventiva o los caprichos del mercado de valores. Si nos tenemos que dejar la piel, que al menos sea para un horizonte que merezca la pena.

Jordi Pigem, doctor en filosofía, nos invita a reflexionar a partir de la experiencia de los países del norte, donde el crecimiento material no se traduce ya en más calidad de vida. Propone que, para avanzar hacia la sostenibilidad, empecemos por darnos cuenta de que nuestra plenitud personal y el bien común de la sociedad están mucho más ligados a valores intangibles (como relaciones personales, la alegría de vivir, el tiempo libre y la creatividad) que a los bienes materiales. No es cuestión de ascetismo, dice el autor, sino de lograr una vida buena, digna y plena.

En el plano personal, creo que el valor de la armonía encabeza la motivación de muchas personas. Hubo un tiempo en el que el ser humano no distinguía entre su yo y la naturaleza: formaba parte de ella, vivía armónicamente. La posterior aparición del ego, del sentido individual y sus necesidades propias, cambió nuestra identidad. Hemos recorrido un largo camino en el que, a veces, hemos creído que podíamos doblegar a la naturaleza y convertirla a nuestra imagen y semejanza. Ha sido solo un espejismo. Por más que nos empeñemos, seguimos siendo parte de ella y no sus dominadores. Por eso, cada vez más personas vuelven a su seno con actitud integrativa, con respeto y con el ineludible propósito de enraizarse de nuevo, tal como reflexionaron sabios como Séneca —«La sabiduría consiste en no desviarse de la naturaleza de las cosas, ajustarse a su ley y seguir su ejemplo»—, o según la visión epicúrea, en la que se prefiere vivir dejando que el fluir de la existencia discurra sin tropiezos.

Desde mi experiencia y como compromiso, procuro

que determinados valores estén presentes en mi vida. Los valores deben mostrar cuatro características: la primera, que se hayan podido escoger; que sean una elección de la persona y no un principio impuesto por obligación o por sumisión cultural. El segundo rasgo es que pueda proclamarlos abiertamente, manifestar esos principios que guían mi conducta. La tercera condición es que los demás los reconozcan en mí. Si mis actos desmienten mi integridad o armonía, significa que no he incorporado suficientemente dichos valores; puede que me inspiren, pero quedan aún contradicciones por resolver. La cuarta y última característica consiste en que dichos valores me permitan crecer como persona, se orienten hacia un bien mayor también para el resto de la humanidad. ¡Qué importante esta cuarta condición! Unos valores que se reduzcan exclusivamente al ámbito de la intimidad, mantenidos en todo caso como propósitos subjetivos, poco tiene de utilidad. No se puede hablar de valores sin una acción comprometida, porque va a ser de esa acción que podemos inspirar al resto del mundo.

Asimismo, suelo plantear el tema de los valores en tres dimensiones: la personal, la interpersonal y la social. Cuando hacemos referencia a los valores, solemos mezclar los de varias índoles. Así, tanto hablamos del esfuerzo como de la responsabilidad, la libertad, la empatía, la compasión, la autenticidad, la prudencia, el coraje, el respeto, la gratitud, la lealtad, etc. No obstante, hay valores que son más propios de la acción personal (autenticidad, apertura, bondad), mientras que otros emergen de las relaciones (empatía, servicio, respeto) y también los hay que tienen su impacto en lo social (comunicación, transparencia, altruismo, creatividad). Cuando pretendemos definir nuestros valores, será de utilidad recordar esta terna.

En la actualidad, estas tres facetas pueden conllevar algunos quebraderos de cabeza. Max Weber acuñó la expresión «politeísmo de los valores», en referencia a los conflictos existentes entre imperativos éticos contrarios. Por ejemplo, hoy en día está muy en boga la idea de la realización personal, el autoconocimiento y el camino espiritual. Sin embargo, muchas personas iniciadas en tales actividades pueden llegar a despreocuparse de aspectos familiares y sociales, en pos de alcanzar su iluminación. Tal como a veces comento con ironía: «Mucho meditar pero los platos sin fregar.» No hace mucho recibí el *mail* de una colega en el que me manifestaba su hastío hacia las conductas de aquellas personas que a través de la meditación o la religión aprovechan para huir de sí mismas. El premio Nobel de literatura J. M. Coetzee se refirió a este comportamiento como «exilio interior».

La complejidad de nuestra existencia es un hecho y tal vez uno de los mayores retos que tenemos que afrontar, junto con la preservación del planeta. Dice Morin: «La mayor complejidad de la ética es admitir los conflictos entre imperativos éticos de igual fuerza; es admitir la incertidumbre final sobre el resultado de nuestras mejores intenciones y el respeto por los valores.» No podemos seguir limitándonos a mirarnos el ombligo, ni seguir responsabilizando a los demás de lo que no funciona, ni prescindir del sentido sostenible de nuestra existencia. Todo nos invita a resolver, juntos, el destino de la humanidad.

Como colofón, quisiera resaltar el encargo que realizó Martin Seligman a Katherine Dahlsgaard, en su monumental obra sobre la auténtica felicidad. Se entretuvo en leer desde Aristóteles, Platón, Tomas de Aquino o san Agustín, pasando por el Antiguo Testamento o el Talmud, hasta Confucio, Buda, Benjamin Franklin o los Upanishad. En total, un catálogo de doscientas virtudes que pueden resumirse en seis. Las que han sobrevivido a todas las tradiciones desde hace más de tres mil años:

- Sabiduría y conocimiento
- Valor
- Amor y humanidad
- Justicia
- Templanza
- Espiritualidad y trascendencia

¿CON QUIÉN NOS LEVANTAMOS CADA MAÑANA?

¿Eres el mismo que se acostó anoche? La respuesta es: «No.» Durante el proceso del sueño, tu cerebro ha reprocesado todo lo ocurrido a lo largo del día. Has sido consciente de muchas cosas, pero no de tantas como las que ha «mapeado» tu inconsciente. El caso es que, a la mañana siguiente, la conjunción de datos del día anterior ha integrado nueva información. Esos nuevos *inputs* te permitirán establecer nuevas relaciones entre las cosas, las personas y las experiencias. Esa nueva concepción te hace distinto al que fuiste ayer.

Cuando despiertes, tendrás al menos un par de posibilidades: contemplar tu nueva realidad y seguir explorándola, o bien volver a la memoria de aquel que fuiste y repetir, un día más, todos los procesos que tu neurología tiene diseñada con sus autopistas sinápticas. Tu universo está configurado por la manera en que te has implicado con tus creencias. No obstante, aquello que crees pertenece al ayer. Hoy puedes conservar muchos de tus pensamientos y, a la vez, puedes explorar otros nuevos. Decidas lo que decidas, vas a influir poderosamente en ti y en tu realidad. Si quieres que todo siga igual, sigue pensando igual. Pero si lo que quieres es ir más allá de esas creencias; si quieres, incluso, ir más allá de tu mente, entonces debes darte permiso.

Ese permiso debe servir para abrirte al mundo de las posibilidades y de los aprendizajes. Debe servir para que te impliques en ello. Y debe servir, sobre todo, para que practiques el ser diferente sin demasiado esfuerzo. Ser diferente no significa ser otro. Hagas lo que hagas, serás tú quien lo haga, es decir, tu voluntad. No hay que dejar de ser uno mismo, sino conseguir que uno mismo quiera ser el que quiera. No estamos atrapados en una personalidad, sino que somos voluntad de ser.

Tal como lo expresaba Ortega y Gasset, somos lo mismo pero no los mismos. Por eso cada mañana al despertar podemos respirar profundamente y decidir cómo queremos vivir. Eso tampoco significa cambiar de vida o abandonar las responsabilidades adquiridas. Se trata de crear los estados en los que queremos habitar. Podemos ser esclavos de nuestras adicciones emocionales o ser libres de escoger sufrirlas o no. Al final, todo lo que hagamos dependerá de nuestra entera voluntad y del esfuerzo entusiasta que apliquemos en desarrollar nuestra condición de seres libres.

Existe un concepto que se ha convertido en algo mágico, pese a pertenecer al ámbito de la ingeniería. Hablo de la «resiliencia», esto es, de la memoria de un material para recuperarse de una deformación, producto de una presión externa. Michael Rutter, primero, y Boris Cyrulnik después, adaptaron este concepto a la vida y la conducta de los seres humanos. De este modo, consideramos resilientes a aquellas personas que desarrollan la capacidad de hacer frente a las adversidades, con dosis de perseverancia y actitud positiva, con el propósito de transformarlas en un bien mayor.

Si en condiciones extremas somos capaces de resurgir, no debería ser tan complicado hacerlo en contextos cotidianos que exigen menos esfuerzos. Sin embargo, lo curioso de nuestra naturaleza es que dejamos para última hora, para cuando estamos ya al borde del precipicio, todo esfuerzo en resolver esa situación. Simplificando: dejamos siempre el esfuerzo para el final, porque lo asociamos a algún tipo de sufrimiento. No nos damos cuenta del valor de disponer de la fuerza poderosa de la voluntad.

A partir de ahora, al levantarnos cada mañana, podemos decidir entrenar un poco más esa fuerza. Podemos aprender, día a día, a ejercitar la capacidad de adaptarnos al esfuerzo que requieren las condiciones de vida escogidas, es decir, que amamos vivir. Merecer la vida es decirle «sí». Es amarla sin demasiado esfuerzo, pero con una perseverante y entusiasta fuerza de voluntad.

Resumen del capítulo

- El deseo tiende a los bienes sensibles (percibidos o imaginados), mientras que la voluntad tiende al bien inteligentemente captado.
- Para Epicuro, la vida feliz no proviene de comer, beber y del sexo —elementos imprescindibles como fuente de placer—, sino del razonamiento moderado.
- Existen tres clases de deseos según Epicuro:

  - Los placeres naturales y necesarios: hacen referencia a la felicidad, a la imperturbabilidad del cuerpo y a la propia vida.
  - Los placeres naturales innecesarios: son aquellos que, una vez experimentados, concluimos que no eran tan necesarios y se manifiestan como fugaces (el sexo o la comida sofisticada, por ejemplo). Aunque sin duda son fuente de placer, son prescindibles si los perjuicios que se derivan de ellos van a causar dolor.
  - Los placeres no naturales innecesarios: son los que se refieren a la opulencia exterior y a los estados de vanagloria que conlleva.

- El objetivo para nuestra sabiduría no es otro que controlar el deseo, en lugar de precipitarlo, y aspirar solamente a placeres perdurables del cuerpo y de la mente. El supremo bien solo se alcanza con el mayor gozo posible al menor costo aceptable.

- Incluso la experiencias más placenteras están teñidas de cierta sensación de descontento debido a su carácter efímero e insustancial.
- El deseo es un maestro: cuando nos entregamos a él sin culpabilidad, vergüenza o apego, puede mostrarnos algo especial acerca de nuestra propia mente que nos permitirá abrazar la vida por completo.
- Si existe alguna relación intrínseca entre la voluntad y el deseo no puede ser otra que el deseo de la voluntad de verse a sí misma en su condición más bella.
- El entrenamiento mental modifica los circuitos del cerebro en la dirección que deseamos. La voluntad pasa de ser una facultad del alma a un estado de la mente, en continua interrelación con el cuerpo.
- El bien no es un concepto abstracto e idealizado, sino una actitud concreta, en un lugar concreto y ante alguien en concreto. La práctica del bien no es solo una cuestión de intenciones, sino de costumbres, hábitos y conductas que asientan su virtud en la ética.
- Necesitamos una ecología de la acción que se ocupe de discriminar su orientación, que discierna entre los fines y los medios, aceptando el margen que la incertidumbre merece en todo devenir humano.
- La voluntad buena está constituida fundamentalmente de virtudes, a las que hoy en día llamamos «valores y actitudes positivos».
- El comportamiento voluntario libre es, en el fondo, un juicio de valor, reflejo y eficaz, que se encarna en una acción concreta. Nuestras decisiones nos retratan. Los valores se desprenden de la conducta de la persona y no pueden imponerse, solo ser inspirados.
- El ser humano no es únicamente el individuo, la sociedad o nuestra especie biológica, sino la terna que constituye estos tres términos, es decir, su interdependencia.
- Nuestra plenitud personal y el bien común de la sociedad están mucho más ligados a valores intangibles (como las relaciones personales, la alegría de vivir, el tiempo libre y la creatividad) que a los bienes materiales.

- Catálogo de virtudes que pueden resumirse en seis:

  - Sabiduría y conocimiento
  - Valor
  - Amor y humanidad
  - Justicia
  - Templanza
  - Espiritualidad y trascendencia

ANEXO

El hombre de la lluvia

En una aldea padecían una gran sequía que se prolon-
gaba desde hacía tiempo. Como todos los rezos habían sido
en balde, recurrieron al gran Hombre de la Lluvia, que pi-
dió que le proporcionaran una cabaña a la entrada de la al-
dea, así como agua y pan para cinco días. Al cuarto día llo-
vió. La gente volvió jubilosa de sus campos y lugares de
trabajo, y se fue ante la cabaña del Hombre de la Lluvia
para darle las gracias y preguntarle cuál era su secreto. Él
les contestó: «Yo no puedo hacer que llueva.» «Y sin embar-
go llueve», dijo la gente. El Hombre de la Lluvia les acla-
ró: «Cuando vine a vuestra aldea, vi el desorden exterior e
interior. Fui a la cabaña y yo mismo me puse en orden.
Cuando yo estuve en orden, vosotros también os pusisteis
en orden, y cuando ya estuvisteis en orden, también la na-
turaleza se puso en orden y, al ponerse en orden, llovió.»

Bibliografía

ARISTÓTELES, *Ética a Nicómaco*, Centro de estudios políticos y constitucionales, Madrid, 2009.

ARMENGOL, Rogeli, *Felicidad y dolor. Una mirada ética*, Ariel, Barcelona, 2010.

BAUMEISTER, Roy F., *Willpower*, The Penguin Press, Londres, 2011.

BINDÉ, Jérôme (dir.), *¿Adónde van los valores?*, Centro Unesco de Cataluña, Barcelona, 2005.

BLAI, Antonio, *Ser*, Ediciones Indigo, Barcelona, 1992.

BOLINCHES, Antonio, *La felicitat personal*, Editorial Pòrtic, Barcelona, 1999.

BUENO, David, *L'enigma de la llibertat*, Edicions Bromera, Barcelona, 2011.

CHÓLIZ, Manuel, «Motivos sociales, logro, afiliación y poder», en E. G. Fernández Abascal (ed.), *Manual de motivación y emoción*, Centro de estudios Ramón Areces, Madrid, 1995.

COETZEE, J. M., *Diario de un mal año*, Mondadori, Barcelona, 2007.

COMPTE-SPONVILLE, André, *Invitación a la filosofía»*, Paidós, Barcelona, 2002.

CONANGLA, Mercè y Jaume SOLER, *Ecologia emocional per al nou mil·leni*, Pòrtic, Barcelona, 2011.

COOK, Marshall J., *Coaching efectivo*, McGraw-Hill, Madrid, 2000.

DALÁI LAMA, *El universo en un solo átomo*, Grijalbo, Barcelona, 2006.

DISPENZA, Joe, *Desarrolla tu cerebro*, Palmyra, Madrid, 2008.

EKMAN, Paul, *¿Qué dice este gesto?*, RBA, Barcelona, 2004.

EPSTEIN, Mark, *Abiertos al deseo*, Neo Person, Madrid, 2007.

FERNÁNDEZ, Jordi y Antonio SANZ (coord.), *Psicologia de l'aprenentatge*, Universitat Oberta de Catalunya, Barcelona.

FERRY, Luc, *La sabiduría de los mitos*, Taurus, Madrid, 2009.

GAILLIOT, M. T. y R. F. BAUMEISTER, «The physiology of willpower: Linking blood glucose to self-control» en *Personality and Social Psychology Review*, 11, pp. 303-327.

GARCÍA CUADRADO, José Ángel, *Antropología Filosófica*, Eunsa, Navarra, 2008.

GEVAERT, Joseph, *El problema del hombre*, Ediciones Sígueme, Salamanca, 2005.

GOLEMAN, Daniel, *La práctica de la inteligencia emocional*, Kairós, Barcelona, 1999.

HARD, Robin, *El gran libro de la mitología griega*, La esfera de los libros, Madrid, 2008.

HULL, Clark Leonard, *Principles of Behavior*, Appleton-Century-Crofts, Nueva York, 1943.

JÄGER, Werner, *Paideia, los ideales de la cultura griega*, Fondo de Cultura Económica de España, Madrid, 2007.

LÉVINAS, Emmanuel, *Ética e infinito*, A. Machado Libros, Madrid, 2008.

LLEDÓ, Emilio, *El epicureísmo*, Taurus, Madrid, 2003.

MARINA, José Antonio, *El misterio de la voluntad perdida*, Anagrama, Barcelona, 1997.

—, *Los secretos de la motivación*, Ariel, Barcelona, 2011.

MARTÍN ASUERO, Andrés: *Sabiduría estratégica*, Plataforma Editorial, Barcelona, 2011.

MASLOW, Abraham, *El hombre autorrealizado*, Kairós, Barcelona, 1998.

MCCLELLAND, David C., *The achievement motive*, Appleton-Century-Crofts, Nueva York, 1953.

MELLONI, Xavier, *El desig essencial*, Fragmenta, Barcelona, 2009.

MILANESE, Roberta y Paolo MORDAZZI, *Coaching estratégico*, Herder, Barcelona, 2008.

MORA, Francisco, *Los laberintos del placer en el cerebro humano*, Alianza Editorial, Madrid, 2006.

MORENO, Montserrat y Genoveva SASTRE, *Cómo construimos universos*, Gedisa Editorial, Barcelona, 2010.

MURRAY, Henri, *Exploration in personality*, Oxford University Press, 1938.

O'CONNOR, Joseph y Andrea LAGES, *Coaching con PNL*, Urano, Barcelona, 2007.

PALMERO, Francisco y Francisco MARTÍNEZ (coords.), *Motivación y emoción*, McGraw-Hill, Madrid, 2008.

PIGEM, Jordi, *GPS (global personal social)*, Editorial Kairós, Barcelona, 2010.

PUJOL, Oriol, *Nada por obligación, todo con ilusión*, Amat Editorial, Barcelona, 2004.

REEVE, Johnmarshall, *Motivación y emoción,* McGraw-Hill, Madrid, 2000.

RISO, Walter, *Manual para no morir de amor*, Editorial Planeta, Barcelona, 2011.

—, *Los límites del amor*, Granica, Barcelona, 2006.

RIST, John M., *Epicur*, URV Publicacions, Tarragona, 2008.

ROBINSON, Ken, *El elemento*, Grijalbo, Barcelona, 2009.

SAN AGUSTÍN, *Las confesiones*, Tecnos, Madrid, 2010.

SEGERSTROM, Suzanne, «Heart rate variability indexes self-regulatory strength, effort, and fatigue», en *Psychological Science*, 18, pp. 275-281.

SAPOLSKY, Robert M., *¿Por qué las cebras no tienen ulcera? La guía del estrés*, Alianza Editorial, Madrid, 1995.

SCHOPENHAUER, Arthur, *El mundo como voluntad y representación*, Ediciones Akal, Madrid, 2005.

SÉNECA, *La vida feliç*, Angle Editorial, Barcelona, 2009.

SELIGMAN, Martin, *La auténtica felicidad*, Vergara, Barcelona, 2003.

—, *La vida que florece*, Ediciones B, Barcelona, 2011.

SPINOZA, Benedictus de, *Ética demostrada según el orden geométrico*, Editorial Trotta, Madrid, 2000.

TORRALBA, Francesc, *El esfuerzo*, Editorial Milenio, Lleida, 2009.